초일류를 넘어서

마동훈이 바라본
대학 · 미디어 · 정치

NANAM
나남출판

초일류를 넘어서

마동훈이 바라본 대학 · 미디어 · 정치

2022년 7월 25일 발행
2022년 7월 25일 1쇄

지은이   마동훈
발행자   조완희
발행처   나남출판사
주소   10881 경기도 파주시 회동길 193, 4층(문발동)
전화   (031) 955-4601(代)
FAX   (031) 955-4555
등록   제 406-2020-000055호(2020.5.15)
홈페이지   http://www.nanam.net
전자우편   post@nanam.net

ISBN 979-11-92275-10-9
ISBN 979-11-971279-3-9 (세트)

책값은 뒤표지에 있습니다.

초일류를 넘어서

**마동훈이 바라본
대학 · 미디어 · 정치**

마동훈 지음

NANAM
나남출판

머리말

2011년부터 중앙일간지에 정기적으로 글을 써왔다. 약 12년간 글을 써온 셈이다. 그동안 나의 전공인 미디어와 사회적 소통의 문제는 물론, 정치, 사회, 문화, 그리고 내가 몸 담고 있는 교육과 대학 등 폭넓은 주제로 글을 쓰는 특권을 누렸다. 엄격한 학문적 글쓰기를 업業으로 하는 대학교수가 자유로운 형식의 글을 통해 자신의 생각을 유연하게 펼칠 수 있었음이 또한 분에 넘치는 혜택이었다.

대중적인 지면에 글을 쓰다 보니, 이런저런 방식과 경로로 독자의 반응을 듣고 내 생각을 한 번 더 돌아볼 수 있었던 것도 유익한 경험이었다. 익명의 독자의 공감과 격려의 메시지도 많았던 한편, 매우 혹독한 비판의 목소리도 들을 수 있었다. 온라인 공간에서의 즉각적이고 즉흥적인 반응과 코멘트조차 내게는 또 다른 생각의 원천이 되었기에, 이 또한 매우 감사한 일이었다.

그동안 쓴 70여 편의 글들을 대략 주제별로 정리해 보니, 미래 세대를 위한 교육과 대학에 대한 글이 가장 많았다. 내가 몸 담고 있는 대학과 교육에 대한 특별한 열정, 그리고 대학에서의 소중했던 행정 경험이 이 문제에 대한 관심의 출발점이었던 것 같다. 그다음으로는 우리 시대의 언론과 미디어, 문화와 사회에 관한 글이 많았다. 나의 전공인 미디어 테크놀로지, 문화, 역사에 대한 관심의 반영이었다. 현실정치에 대한 글도 적지 않았다. 정치학자가 아닌 미디어학자, 혹은 한 명의 시민의 관점에서 바로 본 현실정치에 대한 비평의 글들이다.

돌이켜 보면 각각의 글이 독립적인 개별 영역 안에 고립되어 있지는 않았던 것 같다. 다음 세대의 교육 문제가 국가의 교육정책, 현실정치와 연관되고, 언론과 미디어의 문제를 다루면서 사회 소수집단의 목소리의 소외 문제를 다루는 것이 불가피했고, 현실정치의 문제를 다루면서 교육과 미디어가 풀어야 할 과제를 다루는 방식의 전개는 오히려 자연스러웠다. 미국의 법철학자 킴벌리 크렌쇼Kimberle Crenshow는 성차와 인종 문제의 법철학적 함의에 대한 담론에서 학제 간 '상호교차성intersectionality'의 해석방법을 언급했다. 이러한 관찰과 서술 방식이 내 글에도 자연스럽게 투영된 것 같다. 인간과 사회현상들이 매우 복잡하게 서로 연결되어 있음은 불문가지다. 따라서 그 설명과 해석도 서로의 연관성에 주목하지 않을 수 없었음은 오히려 자연스러운 일이었다.

글을 쓰면서 문화인류학자 노먼 덴진Norman Denzin이 이야기한 관찰의 대상을 '두텁게 기술하기thick description' 방식의 서술을 늘 의식했다. 그러나 비교적 짧은 호흡의 글을 쓰며 하나의 주제를 두텁게 기술하는 글쓰기는 나에게 늘 쉽지 않았음을 고백하고 싶다. 글을 쓰는 나 자신의 지적 상상력 부족도 늘 절감했다. 한 편 한 편의 글들에 두터운 맥락에 대한 탄탄한 해석의 시도를 했음에도 지금 다시 읽어 보니 여러모로 많이 허술함은 전적으로 나의 재능의 부족함 때문이었다.

지난 10여 년 동안 변한 것도 많고 변하지 않은 것도 많다. 이 책의 글들이 특정 시점의 특수한 상황에 대한 시평의 형식으로 쓰인 만큼 현재 시각에서 재해석이 필요한 대목도 당연히 많다. 그럼에도 글들을 하나의 책으로 묶는 과정에서 별도의 보론을 추가하지는 않았다. 오히려 특정 시점의 맥락에서 쓰인 원고 그대로를 시기순으로 정리함으로써 시대의 변화를 읽어 내는 부가적 가치도 추구할 수 있다고 생각해서이다. 그런 의미에서 이 책에는 지난 2011년 이후 역사 속의 대한민국 대학, 미디어, 정치에 대한 나의 생각의 흐름이 그대로 담겨 있다.

1993년 박사학위를 받고 약 40년간 국내·외 대학에서 미디어 현상을 중심으로 한 '문화연구Cultural Studies'를 연구하고 강의해 왔다. 내가 정의하는 문화연구는 사회적 소통의 불균형과 왜곡 문제에 대한 다학제적 접근이다. 여기에서 다학제란 미디어학, 사회학, 역사학, 문화인류학을 포함한다. 역사 속에서 새로이 등장한 과학기술 테크놀로지, 새로운 경제·복지·교육 제도가 개인의 삶, 생각의 방식과 일하는 방식, 공동체와 조직의 문화, 나아가서 국가와 사회를 어떻게 바꾸어 가는가 하는 점이 늘 연구와 강의의 핵심 테마였다.

따라서 나의 문화연구는 우리의 문화 속에 자연스럽게 담겨 있고, 그래서 우리 일상 속에서 의심받지 않고 유통되는 '권력' 문제를 다뤄 왔다. 제도와 문화 속의 권력이 인류 역사 속에서 인간의 지식과 정서의 형성과 변화에 어떤 영향을 끼치고 있는가. 권력은 어떠한 방식으로 자연스럽게 우리의 일상 속에 자리 잡게 되는가. 권력은 인간의 지적, 정서적 자유를 어떠한 방식으로 제어하는가. 그렇다면 인간의 지적, 정서적 자유 영역의 확장을 위해 해결해야 할 과제는 무엇인가. 이러한 문제가 나의 학문적, 일상적 관심의 일관된 주제였다. 그런 의미에서 나에게 문화연구는 인간의 '자유'에 대한 탐구다.

대학을 둘러싼 견고한 규제와 관행의 틀이 어떻게 교수와 학생의 지적 상상력의 자유를 위축하는가. 미디어를 중심으로 한 사회 커뮤니케이션 연결망을 에워싼 제도의 틀이 어떻게 우리의 표현의 자유, 원활한 소통, 나아가 문화와 사회의 다양성 확장을 막는가. 1987년 민주화 이후의 현실정치가 2022년에 이르러서도 또 다른 민주화의 문제, 즉 시민의 정치적 자유를 제어하는 방향으로 작동되는가. 이러한 문제들의 극복을 위한 대안은 무엇인가. 이러한 문제의식은 늘 나에게 변화를 만들어 내는 '정치적 기획political project'의 문제였다. 돌이켜보면 이러한 문제의식이 나의 거의 모든 글을 관통하는 화두였다.

인류 역사는 자유정신 진보의 역사였다. 프랑스대혁명과 미국 독립선언, 3·1운동과 1987년 민주화운동 모두 시민의 자유를 확장하는 방향으로서의 사회운동이었다. 대학과 미디어, 그리고 정치는 모두 자유라는 자양분을 먹고 산다. 자유정신 없이 인류의 진보는 불가능하다. 이러한 맥락에서 나의 글은 늘 궁극적 자유를 억압하는 다양한 사회제도와 문화적 관행을 극복하기 위한 대안을 다각도로 제시하는 방향으로 쓰였다.

사람은 세상에 태어나면서부터 경쟁을 시작한다. 생존을 위한 본능적 경쟁은 태아 때부터 시작된다는 의학적 설명도 있다. 어린이집과 영어유치원에서 시작되는 경쟁은 초·중·고등학교와 사설학원의 대학입학 경쟁으로 이어진다. 대학생들도 경쟁에서 자유롭지 않다. 더 나은 학점과 스펙을 둘러싼 경쟁은 여전히 고연봉 '일류' 직장을 위한 경쟁의 필수요건으로 여겨진다. 그렇게 얻은 첫 직장이 마지막 직장이 아닐 가능성이 크지만 말이다.

언론과 미디어는 여전히 구독률, 시청률을 놓고 경쟁한다. 이제는 종이신문과 공중파 방송의 시대가 아니고, 스마트 미디어, VR, AR, 메타버스의 시대인데 말이다. 기업은 여전히 자사 제품의 국내시장 점유율을 놓고 경쟁한다. 이제는 글로벌 직구시장의 시대인데도 불구하고 여전히 그렇다. 정당과 정치인은 선거전에서의 득표와 집권을 위해 경쟁한다. 선거 승리와 집권 후 국가와 국민을 위해 무엇을 할 것인가에 대한 고민의 시간은 여전히 매우 부족하다.

경쟁의 목적이 과연 무엇인가에 대해 우리는 심각하게 생각하지 않는다. 경쟁을 통해 더 나은 삶, 더 나은 기업, 더 나은 국가를 만들 수 있다고 굳게 믿는다. 경쟁의 목적은 그 이상이어야 한다. 경쟁은 기본적으로 '순위 정하기'다. 대학입학제도에서 공정한 잣대가 없으니 대학은 수능시험으로 줄을 세우고 순위를 정해 합격과 불합격을 결정하는 일을 답보한다.

휴일도 없이 사설학원에서 열공하는 대학 수험생은 모두 하나의 잣대에 따라 한 줄로 세우기에는 너무나도 특수하고 소중한 개인이라는 점을 우리는 매우 자주 간과한다. 오지선다형 수능시험에서의 우수한 성적이 급변하는 미래사회에의 적응능력과 큰 상관관계가 없음에도 말이다. 그래서 공부 잘하는 아이들은 많지만, 미래 노벨상감은 찾기 힘든 것이 아닐까. 경쟁의 목적이 일류대학 입학, 일류기업 취업이라는 기만 속에서 우리는 계속 살고 있는 것이 아닌가. 경쟁의 목적이 미지의 미래세계에 대한 도전과 개척이라는 더 큰 비전이어야 함에도 말이다.

정부의 대학 지원을 결정하는 과정에도 순위 정하기 원리는 그대로 적용된다. 그러나 하나의 잣대에 따른 평가와 지원제도가 우리 대학들을 모두 개성 없는 획일적 대학으로 만들고 있음을 어떻게 봐야 하는가. 비슷한 대학에서 비슷한 내용을 가르쳐 비슷한 졸업생을 만들어 내는 이른바 일류대학들의 비생산적 경쟁에서 우리는 밝은 미래를 꿈꿀 수 없다.

오래전 불의의 비행기 사고로 세상을 떠난 문화연구학자 빌 레딩스Bill Readings는 나의 유학 시절 잊지 못할 절친이고 지적 동반자였다. 그의 유고집 《대학의 폐허The Ruins of University》는 '수월성excellence' 원칙의 장벽에 갇힌 근대 대학이 추구하는 일류주의가 대학이 자유정신, 다양성, 개별적 특성을 상실한 원인이라고 예리하게 지적하였다. 대학의 수월성 원칙은 근대 산업사회에 어느 정도 효율적인 경쟁 원칙이었지만, 그 역기능도 크다. 비전과 목적을 잃은 비생산적 경쟁은 망망대해에서 목적지 없이 노를 젓는 항해와 같다.

국내 일류대학은 있지만 글로벌 사회에서 영향력을 인정받는 '초일류'대학은 없다. 사실 우리 대학이 글로벌 평가 순위에서 초일류대학이 되는 것은 현실적으로 매우 어렵다. 역사 속에서 근대 대학은 유럽에서 시작되어 북미로 건너가 융성했고, 대서양권을 중심으로 성장했기에, 태생적으로 이들을 쫓기에 급급했던 태평양 끝자락 작은 나라의 대학들이 서구 굴지의 대학들과의 경쟁에서 초일류의 위상을 확보하는 것은 매우 지난한 과제다. 짧은 시간에 글로벌 대학 경쟁에서 초일류 대열에 끼어든 싱가포르 대학들의 모델이 있기는 하지만, 이는 엄청난 국가자원 집중으로 가능했다. 그리고 그 모델은 우리가 추구해야 할 가장 이상적인 모델도 아니고, 가능하지도 않다. 선두주자가 간 길을 후발주자가 따라가는 선형적linear 발전 모델에서 순위를 따라잡는 극적 반전은 현실적으로 불가능에 가깝다.

이제는 '초일류를 넘어선' 새로운 발전 모델을 생각해야 한다. 경쟁의 판을 새로이 만들고, 그 판을 주도해 나가는 비선형적non-linear 발전 모델이 필요하다. 삼성과 SK가 글로벌 반도체 산업의 선두에 서고, 현대차가 글로벌 시장에서 선전하게 된 배경에는 발 빠른 추격자가 아닌 게임 체인저의 마인드가 있었다. 봉준호, 박찬욱 감독과 〈기생충〉, 〈헤어질 결심〉에 대한 국제영화제에서의 호평은 서구 영화 트렌드의 맹목적 추종을 넘어서 한국적인 감성과 스토리텔링의 힘을 꾸준히 축적해 거둔 성과다. BTS의 음악세계는 이전에 없었던 새로운 장르에 대한 파격적 도전과 개척정신의 산물이다. 더 이상 트렌드를 따라갈 수만은 없다. 새로운 트렌드를 스스로 만들어 가야 초일류, 그리고 그 너머의 길이 보인다.

제 4차 산업혁명은 기회의 시대의 서막이다. 산업은 ICT를 기반으로 한 플랫폼 전략을 통해, 미디어는 오프라인과 온라인을 넘어선 '올라인all-line' 전략을 통해, 대학은 전통적 학제를 넘어선 초지능, 초연결 연구와 교육을 통해 새로운 기회와 경쟁의 판을 만들어야 한다. 순위상의 초일류 달성 그 자체를 목표로 하지 말고, '초일류를 넘어선' 새로운 경쟁의 판을 만들어야 한다.

대학도 미디어도, 또한 국가도 초일류의 길을 가기 위해서는 파괴적 혁신의 마인드와 창의적 상상력의 연습이 필요하다. 아무도 안 가본 길을 떠나는 담대한 도전이 필수적이다. 담대한 도전은 자유정신이라고 불리는 연료의 주입으로 가능하다. 전통적 교육과 전통적 장르의 답습, 그리고 전통적 방식의 관료주의적 국가 경영 마인드로는 초일류를 넘어서는 희망을 가질 수 없다.

나의 생각을 정기적으로 기고할 공간을 마련해 준 〈중앙일보〉, 〈매일경제신문〉, 〈한국일보〉 논설실과 편집국 관계자들께 깊은 감사의 인사를 드리고 싶다. 비정기적으로 원고를 요청해서 글을 쓰게 해준 〈동아일보〉, 〈조선일보〉, 〈고대신문〉 등 다양한 언론의 편집자들께도 감사의 마음을 전한다. 사랑하는 아내와 네 명의 아이들은 늘 내 글의 첫 번째 독자였다. 늘 밝고 건강한 모습으로 내 옆에 있어 줘서 고맙다. 이제는 침침해진 눈이지만 아

들의 생각의 서술에 늘 관심을 갖고 읽어 주신 93세의 부모님께
도 깊은 감사의 마음을 드린다.

내 생각과 글에 관심을 갖고 다양한 방식으로 코멘트를 주신
고려대의 동료 교수님들께도 감사의 마음을 전한다. 캠퍼스 안과
밖에서의 교수님들과의 대화는 늘 통찰력과 영감을 준 생각의 거
대한 저수지였다. 마감에 촉박해 쓰인 글들을 읽고 깊은 생각을
더해 주신 행정학과 김선혁 선생님의 우정에도 감사드린다. 여기
저기 흩어진 원고들을 모아서 정리하는 수고를 한 박사과정 김가
영 선생님에게도 고마운 마음이다. 졸고들을 깔끔하게 편집해 예
쁜 책으로 만들어 주신 나남출판사 조상호 회장님, 방순영 이사
님, 민광호 부장님께도 마음의 빚이 크다. 깊은 감사를 드린다.

'초일류를 넘어서' 미래를 생각하며 쓰인 글들의 모음으로 만들
어진 이 작은 책이 우리 교육, 대학, 미디어, 정치가 자유로운 사
고로 파격적인 미래 경쟁의 판을 재구성하는 시도의 단초를 제공
했으면 하는 작은 희망이 있다. 희망을 봤으면 이제 몸을 움직여
야 한다. 규제의 높은 산을 넘고 관행의 깊은 강을 함께 건너야
한다.

2022년 7월
안암동 연구실에서
마 동 훈

차 례

제 2 부

언론, 바꿔야 산다   127

1부

우리에게 대학은 무엇인가

2021년 스위스 국제경영개발대학원IMD 자료에 의하면, 대한민국의 국가 경쟁력은 23위지만, 대학교육 경쟁력은 47위다. 전체 GDP 중 대학교육 재정규모(0.6%)는 OECD 평균(1.1%)의 절반 수준이다. 또한 2021년 우리 대학의 1인당 교육비(11,290달러)는 OECD 평균 (17,065달러)의 67%에 불과하다. 2022년 교육부의 대학교육 예산 (11.8조 원)은 교육부 전체 예산(82.9조 원)의 14.2% 정도다. 이런 상황에서 우리 대학의 현재와 미래의 경쟁력을 이야기해야 하는 현실이 매우 가슴 아프다.

대학은 각급 학교가 아니다. 대학은 세상을 품고 세계로 나가는 '유니버시티university'다. 대학을 각급 학교 중 하나로 보는 고등교육법, 사립학교법의 규제 속에서 대학의 미래는 없다. 대학의 재정, 학사, 공간, 입학 등 운영은 최소한의 네거티브 규제와 자율 규제의 원칙 안에서 자율적으로 이루어져야 한다.

대학은 열심히 공부하고 시험을 잘 쳐서 학점을 받는 곳, 열심히 논문을 써서 학위를 받는 곳, 그 이상이 되어야 한다. 대학은 새로운 지식을 만들고 이를 울타리를 넘어 사회로 전수함으로써 그 영향력을 인정받아야 한다. 공학, 의학 등 실용학문뿐 아니라 문학, 역사, 철학 등 인문학의 목적도 같다. 대학은 사회와 거리를 둔 고고한 상아탑의 지위를 과감히 거부했으면 한다. 국가와 글로벌 사회의 미래에 대한 책임감으로 교문을 활짝 열고 밖으로 나가야 한다. 이를 위해 대학의 구성원 관행을 깨는 아픔을 감수해야 하고, 미지의 세계에의 담대한 도전을 마다하지 않아야 한다. 역사 속에서 대학의 수준은 그 사회의 변화 수준의 바로미터였다. 앞으로도 그럴 것이다.

우리에게 대학이란 무엇인가

|

중앙시평, 〈중앙일보〉, 2011. 1. 8.

해마다 이즈음이면 대학 입시가 우리 일상의 중요한 한 부분이 된다. 2008년 현재 우리나라 4년제 대학 진학률은 경제협력개발기구OECD 국가 중 가장 높은 58%를 기록하고 있다. 한 집 건너 한 명씩 대입 수험생이 있거나, 혹은 가까운 친지 중 누군가는 몇 년 안에 대학 입시를 치른다는 이야기다.

　누구네 집 자녀가 어느 대학에 들어갔나 하는 것은 인사치레를 위해 매우 중요한 정보다. 대학이 국민들에게 가장 많은 사랑을 받는 계절도 다름 아닌 입시 시즌이다. 논술시험 날 자녀를 데리고 학교에 와 건물을 바라보는 학부모들의 표정에는 대학에 대한 흠모의 빛조차 역력하다.

　그러나 원하는 대학 입학만 중요한 관심사일 뿐이다. OECD 회원국 중 4위 수준의 높은 민간 교육비를 부담하면서도 자녀들을 보내는 대학에서 과연 어떤 교육이 이루어지는지, 어떤 교육이 이루어져야 하는지에 대한 관심은 그리 크지 않은 것 같다. 대학이 소중한 자녀들과 우리 사회에 과연 무엇인가라는 질문에 앞서 일단 진입장벽을 넘고 보자는 생각이다. 고등교육의 실체보다는 그 열기에 사로잡혀 살아온 우리 국민들에게 어찌 보면 당연한 일이다.

대학이란 무엇이며, 대학 강단에서 무엇을 가르쳐야 하고, 또한 학생들은 대학에서 무엇을 배워 나가야 하는지에 대한 고민에서 필자도 자유롭지 않다. 정답이 없는 논술시험 문제를 주고 학생들에게 자유롭게 답하도록 하는 실험을 꽤 오랜 기간 시도해 봤다. 자신의 학기 중 프로젝트 주제도 주어진 범위 안에서 스스로 결정해 공부하게 했다. 대학원 학위논문 주제도 학생들 스스로 정하게 했다. 그러다 보니 학생들의 불만도 좀 있고, 강의평가 결과도 신통치 않다.

제 학기에 졸업하는 대학원생은 거의 없다. 배운 것을 정리하고 암기하는 데에는 익숙하지만, 자신의 이야기를 주도적으로 전개하는 데 미숙하고 경험도 없기 때문이다. 그래도 이러한 실험적 시도에 대한 학생들의 적응도가 조금씩 높아지고 있음은 고무적이다.

필자는 대학의 교육이 작금의 중·고등학교 교육 현장에 모종의 방향성을 제시하고 이를 앞서서 끌어가는 추동력을 가져야 한다고 생각한다. 지금의 대중교육 성격의 대학교육으로는 뭔가 성에 차지 않는다.

유럽 중세 고전교육 시대의 트리비움Trivium 교육체제에서는 우리의 초등학생에 해당하는 12세 이하의 아이들을 문법grammar 공부에 주력하게 했다. 여기에는 고전 언어문법뿐 아니라 사회의 역사, 제도, 철학, 과학, 기술, 예술과 관련된 다양한 정보와 사실들이 모두 포함된다.

우리의 중·고등학생에 해당하는 13~17세 과정에서는 논리logic를 공부한다. 이미 습득한 정보와 사실들을 연계해 각 분야에서 나름대로의 설명체계를 구성하는 연습을 한다.

18세 이상의 고등교육 과정은 한 단계 높은 수사rhetoric의 단계로, 해당 분야에서 작은 창의적 지식을 스스로 만들어 내는 훈련을 한다. 스스로의 문제의식과 독자적인 목소리를 바탕으로 만들어진 창의적 지식은 급속하게 변화하는 과학기술, 조직운용, 사회제도, 나아가서는 인간상에 대한 실용적 대안으로 미래사회에 기여하게 된다. 유럽의 근대는 이러한 탄탄한 교육제도를 바탕으로 이루어졌다.

대학은 기업이 원하는 맞춤형 인재를 배출해야 한다는 최근 흐름에 대해서도 좀 설명이 필요하다. 고비용 인재양성기관인 대학이 기업에서 채용 즉시 활용할 수 있는 기능인을 교육하는 하청공장이 되어서는 안 되며 그럴 필요도 없다고 본다. 대학교육의 격은 분명히 그 이상이어야 한다. 대학은 기업이 장기적 관점에서 필요로 하는, 세상을 바꾸는 혁신적 사고를 훈련하는 교육장이어야 한다. 대학이 미래사회와 산업의 큰 그림을 볼 줄 알고 또한 이를 그릴 줄 아는 창의적 인재를 배출할 때 우리 기업에도 미래가 있다.

제도권 중·고등학교 교육과 국가·사회·기업의 현실 사이에 놓인 대학교육은 과연 무엇이어야 하는가에 대해 대학 안과 밖에서 치열한 고민이 절실하다. 대학은 객관식 문제 몇 개 더 맞힌 아이들을 얼마나 많이 확보하는가 하는 경쟁보다는 중·고등학교 교육과 사회·기업 모두에 강한 충격을 줄 수 있는 창의적 교육과정과 프로그램의 개발 경쟁에 진력해야 한다.

정부와 기업은 대학이 미래형 지식생산 능력을 갖춘 인재 양성에 충실할 수 있도록 전적으로 믿고 뜨겁게 후원해 주고 또 기다려 주는 깊은 이해와 협력이 필요하다. 우리 대학들이 겨울 한철 입학 시즌뿐만 아니고 일 년 내내 국민 모두의 사랑을 받을 수 있을 것으로 보인다.

전사의 시대, 기사의 시대

|

중앙시평, 〈중앙일보〉, 2011. 1. 29.

로마제국의 멸망에서 새로운 왕국들의 난립에 이르는 유럽의 초
기 중세사회는 매우 거칠고 잔인한 격동의 시기였다. 사람들의
정신과 문화도 피폐 일로를 걸었다. 그래서 이 시기를 '중세 암흑
기'라고도 부른다. 중세 왕국들과 영주들의 팽팽한 힘겨룸의 선
봉에 당대의 전사warrior들이 있었다. 전사들은 전장에서의 용맹
성을 널리 인정받았지만 지나치게 투쟁적이고 야만적이며 순화
되지 않은 것이 문제였다. 영주들은 이들을 성숙한 공동체의 리
더로 양성하기를 원했다.

당시 귀족집안 소년들은 7세가 되면 명망 있는 영주의 집으로
보내져 엄격한 기숙사 생활을 시작했다. 이들은 영주의 가정을
섬기며 예의와 교양, 학문, 종교, 매 사냥 등을 배우는 시종侍從,
page으로서 교육기간을 보낸다.

15세가 되면 각각 한 명의 기사에게 보내져 기사의 종자從者,
squire로서 훈련을 받게 했다. 이들은 전쟁을 위한 전략과 무술뿐
아니라 정직, 관용의 정신과 예의 갖춘 몸가짐을 배웠다. 특히

약자의 이야기를 경청하며 이들을 존중하고 배려하는 품성과 자세를 함께 배웠다.

이런 교육과정을 거쳐 21세가 되면 성숙하고 완벽한 기사knight로 다시 태어나기 위한 의례인 기사 작위 수여식을 하게 된다. 목욕으로 몸을 정결하게 한 후에 엄숙한 종교의식을 거쳐 주군 앞에 무릎을 꿇고 용맹과 충성을 결의한다. 이러한 과정을 통해 탄생한 기사는 전쟁에서의 선봉장 역할과 함께 공동체의 정신적 지도자 역할도 수행하게 된다. 이들의 삶에 중요한 지침이 바로 기사도chivalry 정신이다. 이들에게 전장에서의 승리보다 더 중요한 것은 공동체 전체의 품격이다.

우리 사회는 전사를 요구할 뿐 기사를 요구하지 않는다. 우리 정치와 경제, 그리고 교육 현장에는 전쟁의 승리라는 목적만이 존재하는 것 같다. 경쟁 과정에서의 상호 존중, 배려, 경청의 자세는 누구도 이야기하지 않는다. 승리를 위해서라면 그 과정의 모든 것이 용인된다.

국민 일상의 중요한 문제인 복지 이슈가 정치권에서 심도 깊게 다루어져야 함은 당연하다. 그러나 그 이슈가 일 년 앞으로 다가온 총선과 대선에서의 승리를 위한 여의도 정쟁政爭의 중심에 있음이 매우 불편하고 또한 불안하게 느껴진다.

이 중요한 이슈를 논의하는 과정에서 라운드테이블에 둘러앉아 공동체의 선善을 추구하는 경청과 배려, 관용의 자세는 여당과 야당 모두에 결여된 것 같다. 국민 복지 이슈가 정치권 전사들의 날선 칼로서의 효용가치만을 갖는 것은 아닌지 걱정된다.

오늘날 우리 교육도 전사를 키워 낼 뿐 기사를 키워 내려 하지 않는다. 대학입학 전쟁과 그 이후 취업전쟁에서의 승리라는 목표가 과정상의 모든 문제들을 합리화한다. 대학생들은 당연히 지식의 습득과 생산보다는 학점과 학위의 취득 자체에 더 관심 있다. 전공 영역에 대한 깊은 이해보다는 취업을 위한 스펙에 훨씬 더 관심을 갖는다. 영어로 생각하고 표현할 수 있는 실력보다는 사교육기관에서 학습하면 높아지게 마련인 토플 성적 자체가 더 중요하다.

대학생의 서가에는 경쟁에서 승리를 달성하는 방법에 대한 무용담武勇談이 넘친다. 그러나 그 성공의 길에 대한 진지한 성찰에는 별로 관심이 없어 보인다. 대학도 이런 것을 심각하게 가르치려고 하지 않는다. 물론 경쟁과 승리의 담론이 항상 부정적인 것은 아니다. 경쟁과 승리는 인간의 생득적 본능이며 삶의 중요한 활력소이기도 하다. 승리는 흔히 성공이라는 말로 포장되기도 한다. 문제는 과연 무엇이 한 개인의 삶에서의 성공이며, 이를 위해서는 어떠한 길을 걸어가야 하는가에 대한 고민의 공간이 너무 협소해 보임에 있다.

로버트 루이스Robert Lewis는《우리의 아이들을 현대사회의 기사로 기르기Raising a Modern-Day Knight》라는 저술에서 중세 기사도가 주위를 돌아보지 않는 경쟁 중심 현대사회에서 새로운 신화의 대안이 돼야 한다고 주장한다. 기사가 아닌 전사만을 키워 내는 사회의 미래는 또 다른 암흑기로 귀결된다.

내가 가는 길에 걸려 넘어지는 동료들에 대한 경청과 배려, 그리고 앞서가는 사람에 대한 존중과 관용의 정신을 우리 정치가 실천하고, 우리 대학이 교육하고, 우리 언론이 이끌어 주었으면 한다. 우리 사회 전체가 야만적인 전사의 시대를 마감하고 품격 있는 기사의 시대 도래를 준비하기 위해 함께 진지한 고민을 나누었으면 한다.

아이들 손을 잡아 줘야 한다

|

중앙시평, 〈중앙일보〉, 2011. 4. 9.

우리 아이들이 자살했다. 부모와 친지들의 큰 사랑을 받아 온 아이들이다. 유난히 수학과 과학에 재능이 많았던 아이들이다. 우리 과학과 기술의 미래 수준을 이끌어 가리라는 기대를 한 몸에 받던 아이들이다. 무엇보다도 한 명 한 명이 우리 아이들이다. 소중한 생명들이다. 인간은 생명의 시작과 끝을 결정할 수도 예측할 수도 없다. 그래서 모든 종교가 생명의 주권이 우리에게 있지 않고 절대자에게 있다는 것을 인정한다. 자살은 어떤 경우에도 반자연적 행위다. 이런 일이 우리 주위에서 계속 일어나고 있다.

카이스트KAIST 서남표 총장이 학교 구성원들에게 보낸 이메일이 논란을 불러일으켰다. 서 총장은 이 글에서 이 세상 그 무엇도 공짜로 얻을 수 있는 것은 없으며 궁극적인 해결책은 각자의 마음과 자세에 달렸다고 했다. 우리가 항상 이길 수는 없으며 나중에 이기기 위해 지금 질 수 있다는 생각을 받아들일 수 있다면 우리는 이런 문제를 충분히 극복할 수 있다고 했다.

논리적으로 설득력 있는 이야기다. 그런데 꼭 지금 해야 할 이 야기인지에 대해서는 의문이다. 이에 대한 카이스트 학생들의 반응은 매우 차갑다. 학생들은 총장이 근본적인 원인은 직시하려 하지 않고 자살의 원인을 개인의 탓으로 돌리고 각자 노력만 하면 해결되는 문제라고 말하는 태도에 실망했다고 한다.

서가 귀퉁이에서 먼지를 쓰고 있는 책 한 권에 눈길이 갔다. 에밀 뒤르켐Émile Durkheim의 《자살Le Suicide》이다. 19세기 후반에 출간된 이 책은 자살을 개인심리적 원인이 아닌 사회제도적 원인에 한정해 설명했다는 비판을 받기도 했다. 그러나 필자의 관점에서 보면 이 책은 자살의 사회구조적 원인을 개인심리적 원인과 연계하여 치열하게 설명한 당대의 수작秀作이다.

뒤르켐은 한 사회의 통합능력과 정신 및 도덕적 규제능력에 따라 자살의 유형을 네 가지로 분류했다. 이타적 자살, 이기적 자살, 아노미적 자살, 운명주의적 자살이 그것이다. 사회의 통합능력과 정신 및 도덕적 규제능력이 각각 지나치게 높거나 낮을 때 특정 유형의 자살이 야기될 수 있다고 설명한다.

최근 우리 아이들의 자살은 이기적 자살과 운명주의적 자살에 가깝다. 사회의 통합능력이 미약해 우리 아이들은 가정, 학교, 동네 공동체의 일원으로서의 소속감과 책임감을 상실하게 된다. 따라서 자기 자신만을 생각하게 된다. 누구도 자신의 이야기를 들어주지 않는다고 생각한다. 자신만이 가장 외로운 존재라고 믿는다. 이로 인해 이기적 자살을 생각하게 된다. 한편 지나치게 강한 정신적·도덕적 규범이 사회를 압도할 때 아이들은 운명주의적 자살을 생각하게 된다. 모든 경쟁에서 반드시 이겨야 하고 지는 게임은 감히 생각도 할 수 없는 이들에게 패배는 곧 세상의 마지막을 의미한다.

결국 문제는 제도이다. 그런데 그 제도가 이른바 '차별적' 등록금제(서남표 총장 부임 이후 카이스트에서 실시한 등록금제로, 성적별로 수업료와 기성회비를 차등 징수했다)와 같은 가시적 문제 한두 가지를 의미하는 것은 아니다. 우리 아이들의 삶의 환경을 둘러싼 광의의 사회제도의 문제다.

아이들이 가정, 학교, 동네의 소중한 구성원임을 이야기해 줄 수 있는 환경이 필요하다. 획일적인 성공 스토리만을 강요하는 경쟁과 성공의 신화를 대체하는 새로운 정신적 규범이 제시되어야 한다. 다양한 행복의 공식들이 아이들에게 제시되어야 한다.

아이들은 부모와의 대화를 원한다. 겉으로는 아니라 할지 모른다. 그러나 사실이다. 이들의 가슴은 여전히 부모를 향하고 있다. 학교의 선생님은 일방적 지식 전수만이 그들의 사명이라고 믿지 말아야 한다. 역시 머리가 아닌 가슴의 대화가 필요하다. 핵가족 시대에 살고 다자녀 가정이 드문 현실에서 동네 공동체의 어른들은 어른다운 역할을 해줘야 한다. 아이들에 대한 관심과 신뢰를 적극적으로 표현해야 한다. 아이들이 우리의 소중한 일부임을 알려 줘야 한다.

　아이들을 성공을 위한 무한경쟁 궤도에 밀어 넣어서는 안 된다. 아이들에게 승리와 패배의 세상 원리를 미리 설파할 필요도 없다. 어차피 사회에 나가면 자연히 겪게 되는 일이다. 아이들은 미래의 성숙한 사회인이 되는 데 필요한 지식과 사색의 내공을 쌓기 위해 대학에 온 것이 맞다. 경쟁과 승리는 과정일 뿐이다. 결코 목표가 될 수 없다.

　지금은 우리 아이들을 논리적으로 설득할 때가 아니다. 아이들에게 화해의 손을 내밀 때다. 아이들의 손을 잡아 줘야 한다. 뜨겁게 잡아 줘야 한다.

역사 교실과 생각의 힘

|

중앙시평, 〈중앙일보〉, 2011. 4. 30.

우리 역사가 제자리를 찾아오고 있다. 내년부터 고등학생들은 한국사韓國史를 필수과목으로 공부하게 된다. 각급 공무원 시험과 국·공립 교사 임용시험에도 한국사가 도입된다고 한다. 매우 반가운 일이다.

2002년 한국사 교과서 검정 과정의 이념 논쟁은 역사 교실에서 '무엇'을 가르칠 것인가에 대한 논쟁이었다. 과거의 교과서가 가르쳤던 우익 사관, 보수 사관의 편협성을 지적한 이른바 좌익 사관이 정사正史로 진입을 시도했다. 이에 대한 보수적 역사학자와 교사들의 반발도 만만치 않았다. 한국 근현대사 교과서에 '무엇'을 포함시키고 '무엇'을 제외할 것인가에 대한 논쟁이 치열하게 전개됐다. 한국 근현대사만큼이나 심란했던 것이 바로 그 내용을 담는 교과서 논쟁이었다. 역사 교육의 내용을 둘러싼 문화 정치적 논쟁임과 동시에 현실정치의 게임이기도 했다.

이러한 공방이 계속되는 동안 교실에서 한국사의 위상은 재미없고 지루한 변두리 교과목으로 추락했다. 바로 그 문제의 한국사가 교실로 돌아오고 있다.

이제 우리는 다시 돌아온 한국사를 '어떻게' 공부할 것인가 하는 또 다른 질문과 대면해야 한다. 역사 교실에서 반드시 필요한 것은 '생각의 힘'이다. 다른 말로 '역사적 상상력'이라고 해도 좋다. 모든 역사 교과서는 과거에 어떤 공간에서 일어난 사실들을 다룬다. 교과서의 활자에서 시작되는 시간과 공간의 여행에 꼭 필요한 것이 바로 생각의 힘이다.

같은 교실에서 같은 교과서를 읽지만 학생들의 생각이 다를 수 있다. 아니, 서로 다른 것이 당연하다. 교실에서 서로 다른 생각들을 자유롭게 이야기할 수 있어야 한다. 서로 다른 생각들이 존중돼야 한다. 특정 역사관이 학생들의 자유로운 생각을 가로막아서는 안 된다. 어느 한 방향을 강요해서도 안 된다. 역사는 사실들에 기초한 '해석'의 학문이기 때문이다.

또한 학생들은 역사의 사실들을 현재 우리의 모습과 부단히 연결하는 또 다른 생각의 훈련을 해야 한다. 오늘날 한국 사회의 문제들에 대한 재조명이 역사 교실에서 이루어져야 한다. 예를 들어 종교와 정치의 관계에 대한 최근 우리 사회의 논쟁은 전혀 새로운 문제가 아니다. 역사 속에서 수없이 반복된 일이다.

유럽의 중세 십자군 전쟁은 종교 전쟁으로 시작되었지만 결국 세속적 영토 전쟁으로 변질되었다. 이슬람 채권법을 둘러싼 최근 우리 사회의 종교 논쟁이 낯선 외국 종교였던 불교와 그 문화를 수입한 고구려 소수림왕의 고민과 연관되어 해석될 수도 있다. 조선 초기 불교와 유교의 갈등에 대한 공부는 다문화·다종교 사회인 우리 사회의 현실 조명에 도움이 된다. 제국주의 열강의 각축 시기에 서구 문명과 함께 유입된 기독교에 대한 이해는 현재 우리 사회의 종교와 정치 문제 논의의 의미 있는 출발점이다. 이렇게 보면 역사 공부는 분명히 현실에 대한 공부다. 현실에 대한 재미있는 '생각' 공부다.

생각의 힘은 역사 교실의 동력임과 동시에 역사 공부의 결과로 기대되는 중요한 성과물이다. 우리 중·고등학생들의 인지 근육이 '생각 근육'이 아닌 '암기 근육' 중심으로 기형적으로 발달되고 있음이 애처롭다. 매우 높은 난이도의 대학입학 논술시험을 우수한 성적으로 통과한 신입생들의 생각 근육도 생각보다 훨씬 빈약하다. 논증 실력조차 사교육을 통해 암기와 요령으로 쌓아 왔으니 이들에게서 고단백질로 꽉 찬 생각 근육을 기대할 수 없어 안타깝다.

생각의 힘은 이야기 능력의 원천이다. 남의 이야기를 귀담아듣고 읽고, 그것을 자신의 이야기로 소화해 내는 훈련이 필요하다. 자신의 이야기를 말과 글에 담아내는 능력이 건전한 미래 시민사회 구성원의 중요한 자질이기 때문이다.

역사 교과서와 선생님은 역사를 보는 관점을 이야기해 주되 강요하지 말아야 한다. 한국사 교육의 목표를 투철한 민족관과 국가관의 확립으로 미리 한정하는 것도 위험하다. 특정 도그마가 역사 교실을 활용했을 때 나온 비극 사례는 세계사 속에 얼마든지 등장한다. 학생들 스스로 나름대로의 역사관을 세워 나가도록 시간을 주고 기다려야 한다. 교실과 사회의 포용력은 생각의 힘을 극대화한다.

생각의 힘은 생각 근육에서 나온다. 근육은 운동을 통해 만들어진다. 한국사 교실이 '무엇'을 가르치려고만 하는 닫힌 공간이 돼서는 안 된다. 학생들이 '어떻게' 공부할 것인가를 스스로 고민하는 열린 공간이 되어야 한다. 생각 근육을 키우는 운동장이 되어야 한다.

대학의 품격

|

〈고대 교우회보〉, 2013. 8. 9.

언론이 대학을 바라보는 시선이 곱지 않다. 대학의 교육 단가單價를 계산해서 반값등록금을 쟁취해야 한다고 주장한 바 있다. 교수의 연구윤리에 대한 문제제기도 언론의 단골 메뉴다. 다양한 하부구조들의 상호 감시 및 견제 시스템의 가동은 건강한 사회의 지표다. 대학이 언론과 사회의 의견을 겸허하게 경청하고 받아들여야 함도 자명하다.

그러나 언론이 대학을 다루는 방식의 품격에는 문제가 있다. 최근 교내 성폭력 문제에 대한 고려대의 대처에서 최우선적으로 고려한 것은 피해 학생들의 신상 보호와 정서적·심리적 안정이었다. 전례 없이 신속하게 외부 공권력에 도움을 요청할 수밖에 없었던 것도 그 이유 때문이었다.

대학 당국은 이러한 학교의 방침을 매우 분명하게 취재기자들과 데스크에 호소한 바 있다. 그럼에도 불구하고 사건 보도 직후 일부 언론 취재기자들이 종일 캠퍼스에서 피해자의 신상을 파악하기 위해 과도한 취재 경쟁을 보이는 모습은 그야말로 가관이었다. 오히려 피해자의 신상에 대한 호기심을 발동하는 독자들을 안정시키는 여론의 리더십을 발휘해야 했다. 우리 아이들은 모두 우리 미래의 소중한 자산이기 때문이다.

언론은 그렇다 치고 이제 차분히 대학의 품격을 생각해 보자. 대학의 품격 역시 리더십에서 나온다. 이는 대학 강의실에서의 교수의 리더십, 학문 분야에서의 연구 수월성秀越性의 리더십, 효율적인 대학 행정의 리더십보다 더 적극적인 개념의 리더십이다. 대학의 울타리를 넘어서 우리 사회와 국가, 나아가서는 세계를 품는 '세상 밖으로'의 리더십을 의미한다.

대학 리더십의 실체는 공간적으로는 우리 사회와 국가, 세계를, 그리고 시간적으로는 미래사회를 직시하고 예견하는 비전의 제시로 분명하게 드러나야 한다. 그리고 그 비전이 구체적인 변화와 혁신으로 이어지는 사례들을 부단히 개발해야 하고 이를 통해 세상에 영향을 끼칠 수 있어야 한다.

대학은 사회의 애정과 관심 그리고 물질적, 정서적 후원으로 여기까지 왔다. 역사 속에서 국민의 모금으로 설립되고 여기까지 온 고려대의 경우 그 의미를 더욱 잘 기억해야 한다. 이제 대학이 보답해야 한다. 우리 사회의 비전을 만들어 내고 리더십을 보여 주고 그로 인해 대학의 품격을 회복함으로써 사회의 은공에 보답해야 한다.

최근 모교 교우회 경제인회의 사회봉사 실천은 대학의 이름으로 사회를 안고 나간 매우 인상적인 행보였다. 한여름 휴가철의 소중한 시간을 쪼개서 소외지역의 동생들을 돌보는 모교 사회봉사단 하계봉사 프로그램은 올여름에도 정성을 다해 진행됐다. 금년 10월 말 모교의 노벨상 수상자 초청 강연을 고등학생들에게 개방한 것도 대학이 우리만의 리그를 넘어 세상 속으로 나가는 또 하나의 이정표가 될 것이다.

대학의 품격은 수비 일변도의 전략으로 더 이상 지킬 수 없다. 대학의 품격은 세상을 향한 리더십과 비전을 확연히 보여 주는, 보다 적극적이고 공세적인 기여를 통해 비로소 제고될 수 있다.

인재양성에 필요한 세 가지

|

매경시평, 〈매일경제〉, 2013. 9. 1.

박근혜 정부가 출범한 지 6개월 만에 대입전형에 대한 정책 시안이 발표됐다. 학생과 학부모 부담 완화, 학교교육 정상화를 위해 나온 정책이라니 눈길을 끌기에도 충분하다. 그러나 내용을 자세히 들여다보면 '소비자 민원처리 보고서' 수준을 크게 넘지 않아 유감이다.

입시전형 방법이 복잡하다고 하니 간소화해 주고, A·B형 선택 수능이 혼란스럽다 하니 바로 폐지하는 등 기민한 민원처리가 무슨 문제냐고 할지 모른다. 그러나 너무 친절해서 너무 가벼워 보인다. 그나마 의미 있는 시도인 한국사 필수과목 선정, 문과·이과 구분 폐지 등의 진정성이 평가절하될 수도 있음이 바로 이 가벼움 때문이다.

교육정책은 편의적 민원처리가 아니다. 교육정책은 국가와 사회의 미래 비전을 분명히 담은 철학적 숙고의 실천이어야 한다. 오늘 제기된 민원에 대해 즉각적으로 타협하는 것보다는 내일을 위한 우직하고 소신 있는 준비가 훨씬 더 중요하다. 실용적인 측면에서 교육부 대학정책 목표는 국가와 사회의 기둥과 들보인 동량지재棟梁之材 양성·배출에 있다. 달리 말하면 미래사회 인재양성 시스템 관리다. 그렇다면 당연히 국가와 사회가 필요로 하는 인재는 과연 누구며 어떻게 만들어지는지에 대한 숙의熟議가 먼저 필요하다.

미래 인재가 갖춰야 하는 첫 번째 요건은 '자율성'이다. 많은 교육심리학 연구 결과에서 스스로 선택한 주제에 몰입 효과가 훨씬 더 크다는 것이 입증된 바 있다. 선행학습으로 실력을 평가받는 우리 중·고교 교육 관행이 미래 인재 자질을 심각하게 훼손하고 있음은 기실 무서운 일이다. 학부모들이 사교육기관에 아이들을 내몰아야 하는 아픈 현실의 근인近因이기도 하다.

대학도 자율적인 학습을 위한 품성을 키워 주는 일에는 의외로 관심이 적다. 고만고만한 보통 학생들을 키우기는 하지만 인재를 키우지 못하는 이유가 여기에 있다.

미래 인재에게 필요한 또 한 가지는 '생각의 여백'이다. 교과서 기출문제를 암기하느라 소설 읽을 시간이 없고, 토플 시험을 준비하느라 영어신문 읽을 시간이 없고, 논문을 쓰느라 독서를 하기 힘든 것이 학교 현실이다. 좋은 암기력이 인재를 만들어 냈다는 이야기를 들은 적이 없다. 창의적인 생각의 힘이 부족해서 문제라는 이야기는 참 많이 듣고 있다. 우리 아이들에게 생각의 여백을 찾아 주는 교육 환경이 절실히 필요하다.

또 다른 요건은 '통합적 사고'다. 최근 융합 시대를 이야기하면서 자주 거론되는 덕목이다. 모든 화학적 발명은 상이한 성분의 조합과 결합의 실험을 통해서 이루어진다. 여기에서 중요한 것은 화학자의 상상력이다. 실험 없이는 발명도 없다. 우리 젊은이들이 지닌 상상력의 가능성은 사실 무한대다. 단지 과소평가되고 있을 뿐이다. 제도와 기존 지식체계가 이를 제약하고 있을 뿐이다. 레오나르도 다빈치와 백남준의 예술세계는 상상력 넘치는 통합적 사고의 극치를 보여 준 사례들이다.

대학입학 정책은 인재양성이라는 국가정책의 상위목표 중 한 부분이며 한 과정일 뿐이다. 국가의 대학정책은 이를 넘어서서 좀 더 큰 그림을 그려야 한다. 그리고 일관성 있게 추진돼야 한다. 미래 인재양성에 기여한 것을 100년 후에 제대로 평가받는다는 자세로 임해야 한다. 또 '인재는 어떻게 만들어지는가'를 고민해야 한다.

지난 수년 동안 공들여 온 입학사정관 제도는 명분과 실리 차원에서 모두 자리를 잡고 있다. 다양한 전형제도도 새로운 인재상의 모색이라는 측면에서 과보다는 공이 더 많다. 모두 쉽게 뒤집을 사안이 아니다. 교육부와 대학은 모두 얄팍한 '입학 공학' 논의 수준에 여전히 머물고 있는 것이 아닌지 되돌아봐야 한다. 미래 인재를 만들기 위한 철학과 실천을 다시 한 번 구체적으로 생각할 때다.

견고한 품성의 그릇

|

매경시평, 〈매일경제〉, 2013. 12. 15.

캘리포니아의 한 농촌 마을. 해가 져도 딸기밭을 떠나지 않는 소년이 있었다. 소년에게 사람과 지렁이는 경쟁관계였다. 둘 다 딸기를 좋아하기 때문이다. 그렇다면 사람이 지렁이와 안 싸우고 딸기를 얻을 수 있는 방법은 없을까.

앤드루 파이어Andrew Fire 스탠퍼드대 의대 교수(54)는 지난 10월 말 서울의 한 대학에서 '생물학적 도전과 화학의 기회'라는 주제로 분자생물학과 RNA 간섭에 대해 강연했다. 특정 대상에만 작용하는 표적 화합물을 찾아내는 것이 그에게 2006년 노벨 생리의학상을 안겨 준 연구 주제였다. 파이어 교수는 강연에서 어린 시절 가졌던 사람과 딸기, 지렁이의 관계에 대한 호기심에 답하기 위한 '열정'이 그의 연구 생애의 원동력이었다고 이야기했다.

같은 장소에서 뉴잉글랜드 바이오랩 연구개발 최고책임자인 리처드 로버츠Richard Roberts 박사(70)는 자신의 지식이 다른 사람들이 만든 지식과 어떤 관계가 있는지에 대한 관심이 늘 새로운 연구의 출발점이었다고 말했다. 많은 창의적 아이디어가 '열린 대화와 토론'을 통한 영감에서 시작된다는 이야기다. 그 역시 1993년 노벨 생리의학상 수상자이다.

올해 노벨 화학상 수상자인 아리 워셜Arieh Warchel 남가주대 교수(73)는 수없이 많은 실패와 좌절을 이겨 낸 긍정의 힘으로 그의 연구가 완성됐다고 이야기했다. 동료들은 전부 아니라고 했지만 포기하지 않고 계속한 분자의 컴퓨터 모델링 연구가 인정받기까지 30년의 세월이 필요했다. 그에게 노벨상은 오랜 '끈기와 인내 그리고 집중'의 시간에 대한 보상이었다고 고백했다.

대과학자들은 그들의 강연에서 결코 첨단과학의 테크닉을 강조하지 않았다. 약속이나 한 듯 모두 과학자가 갖춰야 할 자세와 품성을 강조했다. 평생을 건 꿈과 열정, 열린 대화, 그리고 인내와 집중, 미래과학은 이들을 먹고 성장한다. 대과학자들은 과학 지식 자체가 아닌 지식을 담는 견고한 그릇의 중요성을 강조한 것이다.

올해 대학입시에서도 어김없이 자연계 최우수 수험생들이 의과대학에 대폭 지원했다. 우수한 인재가 의학 발전과 의료를 통해 공동체에 기여하기 위해 시간과 비용의 큰 부담이 요구되는 의대 진학에 도전했다면 이는 큰 박수로 격려해 주어야 할 일이다. 그러나 대학입시 고득점을 위해 감수한 희생에 대한 즉각적 보상을 얻고자 직업적 안정성이 뛰어난 의료인의 길을 선택했다면 이는 분명히 우려할 바이다. 이들이 의대 졸업 후 전공을 선택하는 추이를 봐도 이러한 우려의 개연성은 충분하다.

이는 사실 우리 아이들에게 긴 호흡을 가르치지 못한 기성세대의 책임이다. 시험과 내신 성적에 집착하게 만드는 고등학교 교육제도, 새 정부가 들어설 때마다 경연하듯 변화무쌍하게 바뀌는 대학입시 제도, 진중하게 자기 자리를 지키지 못하고 실용주의의 탈을 쓴 포퓰리즘에 휘둘리는 대학교육, 단기 이익만을 중시하며 무한경쟁의 장으로 구성원들을 내모는 기업 관행. 우리가 목도하는 신자유주의적 질서의 부정적 징후들을 모두 여기에 나열해야 함이 안타깝다.

교육부, 대학, 기업 모두 창의적 아이디어를 담아내는 그릇을 먼저 생각하는 긴 호흡이 필요하다. 그래야 다음 세대들의 폐활량이 늘어나고, 나아가 편안하게 긴 호흡을 하는 방법을 배울 수 있다. 긴 호흡 속에서 비로소 꿈과 열정, 대화와 토론, 인내와 집중이 가능하다. 대과학자들이 그들의 연구 성과보다 그 연구를 위한 창의적 아이디어의 바탕이 되는 그릇, 즉 품성의 중요성을 강조했음에 다시 주목해야 한다. 지렁이와 안 싸우고 딸기를 얻는 과학적 지식도 '열정'이라는 견고한 품성의 그릇 안에서 이루어진 성과물이었다.

한국 대학이 글로벌 스타가 되려면

|

매경시평, 〈매일경제〉, 2014. 3. 2.

대학 캠퍼스가 또 한 번의 봄을 맞고 있다. 새내기들이 입학했고 새 학기의 첫 강의가 시작된다. 그러나 새봄의 환희가 가득해야 할 대학 캠퍼스를 에워싼 체감온도는 매우 싸늘하다. 서남수 교육부 장관의 '대학 구조개혁 추진계획' 발표 이후 급격히 떨어진 체감온도가 좀처럼 오르지 않고 있다.

향후 10여 년간 대학 입학 연령층의 급속한 감소로 대학교육 생태계가 회복 불능의 상태에 이를 수 있다는 서 장관의 지적에 동의한다. 이 위기를 대학교육의 전반적 수준을 점검하는 계기로 삼아야 한다는 점에도 동의한다. 그러나 출산율 저하가 대학 생태계 위기에 끼치는 영향이 걱정이었다면 이에 대한 교육부의 정책 논의는 최소 20년 전에 시작됐어야 맞다.

교육부 공식 자료인 〈교육통계연보〉에 의하면 1994년에 131개였던 전국의 4년제 정규 국·공·사립대학(교육대학·개방대학 등 제외) 수는 불과 20년 후인 2013년 현재 185개로 늘어났다. 이 중 50개가 사립대학이다. 같은 기간에 4년제 대학 재학생은 113

만 명에서 212만 명으로 2배 가까이 늘어났다. 당시 교육부의 대학교육 철학이 과연 무엇이었는지 궁금하다.

규제를 좋아하는 교육부가 무슨 이유로 대학 설립 허가에 그렇게 너그러웠는지도 알 길이 없다. 이에 대해 수십 년간 대학정책을 담당해 온 고위 당국자의 최소한의 해명도 없이 덜렁 구조개혁안을 받아 든 대학의 입장은 그야말로 황망慌忙할 뿐이다.

더 이상 과거의 책임 소재에 집착하고 싶지 않다. 현재와 미래가 더 중요하기 때문이다. 교육부가 대학교육 수요와 공급의 비대칭으로 인한 생태계 와해와 전체 대학교육의 수준 하락에 대응하는 동안 간과하고 있는 것이 있다. 어려운 여건 아래에서도 각종 글로벌 대학평가에서 상위 랭킹을 향해 부단히 정진한 '대표선수'들의 훈련 여건과 사기가 이번 구조개혁으로 인해 심하게 위축될 우려가 있다.

사회가 대학에 묻는다. 왜 우리 대학 중에는 삼성전자나 현대자동차 같은 글로벌 대표선수가 없느냐고. 왜 소치의 김연아·이상화 같은 글로벌 스타가 없느냐고. 우리 대학들이 국내에서의 명성에 안주한 시절이 분명히 있었기에 이러한 질책을 겸허히 받아들여야 함도 맞다. 그러나 지금은 이야기가 다르다.

현재 대학은 전쟁터이고 교수와 학생은 무한경쟁의 전사들이다. 연구실에서 쏟아 내는 논문 성과가 우리 학문의 격을 글로벌 무대로 올려놓고 있다. 특히 투명한 경쟁을 통해 확보한 산학협력 국공지원금 이외에 별다른 국고회계 보조를 받지 못하는 사립대학 재직 교수들의 선전善戰은 실로 눈물겹다.

교육부 대학 구조개혁안의 실제적 목표가 전체 대학들의 기계적·획일적 정원 감축 추진에 있음은 매우 유감이다. 이는 20년 후 국내 대학교육 생태계 유지를 명분으로 글로벌 경쟁력을 포기한 소탐대실小貪大失의 대표적 사례로 역사에 기록될 것이다.

대학은 연구의 수월성에서 한 걸음 더 나아가 교육 수준의 글로벌 스탠더드를 고민하고 있다. 아시아, 아프리카는 물론 구미의 우수한 학생들도 앞다퉈 우리 캠퍼스를 찾아올 미래를 차분히 준비하고 있으며 또한 그래야 한다. 이 시점에 국내 학생 정원 감축은 특히 사립대학의 재정과 구성원의 사기에 그야말로 청천벽력靑天霹靂이다.

기계적이고 획일적인 대학 규제는 더 이상 안 된다. 대학들의 서로 다른 역할을 적극적으로 이해하고 인정해 줘야 한다. 우리 대학들이 진정한 글로벌 대표선수가 되는 그날의 비전을 함께 공유한다면 말이다.

미래 인적자원 키우는 산학협력의 길

|

매경시평, 〈매일경제〉, 2014. 4. 6.

4월이다. 봄의 환희歡喜가 딱 어울리는 4월을 한 시인은 '가장 잔인한 달'이라고 했다. 그렇다. 꽁꽁 언 대지에서 라일락을 키우고, 기억과 욕망의 뒤섞임 속에서 봄비로 잠든 뿌리를 불러오는 4월은 긴 겨울 차가운 눈 속에서 작은 생명을 키워 온 겨울보다 오히려 더 잔인한 계절일 수 있다. 대지의 거역할 수 없는 완고함 때문이다.

4월의 대학 캠퍼스에서 T. S. 엘리엇Eliot의 《황무지》 첫 장이 새삼 생각난 것도 대학생들이 당면한 현실의 거역할 수 없는 완고함 때문이다. 우리 대학생들이 깨고 나가야 할 대지는 그 무게가 생각보다 훨씬 육중하고 또한 견고해 보인다. 신입생들에게도 대학의 낭만은 잠시다. 바로 졸업 후의 진로를 걱정해야 한다.

조급증이다. 그런데 이 증세는 개인 차이 별로 없이 거의 모든 대학생들에게 공통적으로 나타나는 집합적 체험이다. 대학생들은 취업 대비 스펙을 만드는 데 절대 에너지를 소진한다. 4년도 모자라 몇 년씩 휴학하며 이 지루한 작업에 매진한다.

어렵게 취업 문턱을 넘어도 4월의 아픔은 계속된다. 학자금 대출 상환이 문제고 무섭게 상승하는 전·월세금 부담이 문제다. 여기에서 다시 대지의 육중함과 견고함을 절실히 체험하게 된다. 휘청하는 사이 성장은 영구 정지된다. 30대 중후반에 접어들며 지나온 시간을 잠시 돌아보게 되지만 동시에 돌아갈 길이 없음도 알게 된다.

이들을 위해 대학은 무엇을 해야 하나. 특히 대학이 산업과 함께 할 일은 무엇인가. 대학과 산업은 '산학협력'이라 불리는 공동 프로젝트를 추진해 왔다. 대부분 새로운 지식의 개발과 전수를 목적으로 하는 연구개발 프로젝트다. 이제 대학과 기업이 함께 미래 인적자원 개발 산학협력 프로젝트를 본격 가동해야 한다. 기업이 후원하는 대학의 맞춤형 인재양성 프로그램이 다양한 방식으로 실험되고 있으나, 이제는 보다 정교한 모델의 설정과 실행 매뉴얼이 필요하다.

첫째, 대학이 인적자원 개발 산학협력을 선도해야 한다. 이를 위해 교수가 먼저 기업이 필요로 하는 연구문제를 제시하고 문제를 풀어 나가며, 그 과정에서 상상력 넘치는 대학생들이 훈련받고 또한 기여도 할 수 있도록 구상해야 한다. 이러한 실험이 공학과 경영학에 국한될 이유는 없다. 인문학과 자연과학, 심지어는 예술적 손길로 풀어야 할 문제들도 얼마든지 있다. 대학과 기업 간 신뢰가 구축되면 기업이 스스로 연구문제를 가져올 것이고 우리

학생들은 더욱 현실감 있는 실전 문제를 체득할 기회를 갖는다.

둘째, 기업의 인내심이 필요하다. 기업이 대학생들의 프로젝트 수행성과에 당장 크게 만족하지 못할 수도 있다. 그러나 학생들이 당당히 허리를 펴고 기성세대와 눈높이를 맞출 수 있는 기회를 준다는 점에서 이미 매우 의미 있는 사회적 책임을 다하고 있는 것이다.

셋째, 취업이 아닌 창업을 권장하는 분위기가 형성돼야 한다. 다음 세대의 목표가 화려한 연봉의 대기업과 고용안정성 높은 공기업에 머무는 사회에 큰 희망을 걸기란 힘들다. 대기업과 공기업에 몰리는 우수한 인적자원 중 상당수가 훨씬 더 과감한 도전을 마다하지 않는 분위기 속에 비로소 우리 사회의 미래가 있다. 빌 게이츠도, 스티브 잡스도 사회의 뜨거운 성원에 의해 무수한 실패를 딛고 일어섰다.

4월의 덫에 갇힌 생명의 애환을 그려 낸 엘리엇의 통찰력은 뛰어나지만, 이제 우리는 여기서 한 걸음 더 나가야 한다. 차가운 대지 속의 생명이 파릇한 새싹의 모습으로 따스한 햇볕을 볼 수 있도록 길을 여는 것이 바로 대학과 기업에 요구되는 사회적 책임의 핵심적 가치여야 한다.

미래 대학 미디움과 도시공간

|

〈도시문제〉, 2014. 5. 19.

도시는 미디움이다

현대사회의 도시는 행정조직과 산업, 밀집된 인구와 시민의 거주 공간, 그리고 이들을 연결하는 교통망으로 이루어진 공간이다. 한편 도시공간은 '미디움medium'이다. 미디움으로서의 도시공간 은 행정조직과 산업, 그리고 시민을 연계하는 '의미구조structure of meaning'를 갖고 있다. 동시에 이는 도시공간의 내부인과 외부인을 연계하는 의미구조로서 기능하기도 한다.

세계의 주요 도시들은 나름의 확연한 의미구조를 갖고 있다. 미국의 워싱턴 D. C. 는 세계의 정치 수도이고, 뉴욕은 경제 수도 로 불린다. 유럽의 파리는 자타가 공인하는 세계의 문화 중심도 시이고, 런던은 서유럽 금융의 중심도시다. 베를린은 냉전 극복 의 상징인 통일 도시이며, 프랑크푸르트는 서유럽 항공교통의 허 브 도시다. 이와 같이 한 도시가 갖고 있는 의미구조는 도시의 내 부인이 지닌 정체성의 의미 있는 일부임과 동시에 외부인이 도시 를 바라보는 프레임의 의미 있는 일부이기도 하다.

54

이렇게 보면 도시에서 관찰 가능한 모든 대상, 곧 도시공간은 의미구조를 창조하고, 내부에 유통, 공유시키고, 나아가서 외부에까지 퍼 나르는 채널이고 미디움이다. 텔레비전 채널의 편성표를 보면 방송사의 성격이 보이고, 신문과 잡지의 지면구성을 보면 이들이 추구하는 바가 보인다. 한 도시의 구성요소를 살펴보면 역시 그 도시의 의미구조의 단면이 엿보인다.

어떤 도시는 의미구조가 매우 미약하다. 도시공간이 포함한 하부구조들의 조합이 특정한 의미를 효과적으로 창출하지 못하는 경우다. 인위적인 의미구조를 명명해 보지만 그 실효성이 떨어지는 경우가 많다. 후발 계획도시에 두드러지게 나타나는 경우다. 한편 어떤 도시는 과잉 의미구조를 갖는다. 비교적 확연한 의미구조를 갖고 있지만 그 내부를 들여다보면 하부구조들의 조합이 조악한 경우다. 비교적 오랜 역사 속에서 분명한 의미구조를 갖고 발전한 도시지만 도시공간의 급속한 팽창으로 의미구조에 균열이 발생한 경우다.

'도시공간은 미디움이다'라는 명제를 적극적으로 받아들인다면, 도시는 공간 미디움이 매개하는 의미구조를 정교화하는 방향으로 기획, 설계, 관리되어야 한다. 근대 이후 도시공간은 매우 경직적이고 일방향적인 의미구조를 벗어나지 못했다. 그러나 이상적인 미래 도시공간이 제시하는 의미구조는 유연성 있는 의미구조여야 하며, 동시에 상호작용적 의미구조여야 한다. 도시공간에서의 '대학'의 문제를 다루는 논의에서도 유연적, 상호작용적 의미구조를 염두에 둔 숙고가 필요하다.

대학이 도시공간을 선도해 왔는가?

서구에서 본격적인 근대사회 도래의 역사는 대략 17세기에 시작된다. 그 이전 시대의 도시는 중세 종교와 봉건국가의 사회적 기반 위에 조성된 중세적 도시라는 점에서 근대적 도시와는 다르다. 근대사회 이후의 도시들은 근대적 국가 질서, 자본주의적 생산과 상거래 질서, 시민사회의 부상 등 이른바 근대적 징후들을 배경으로 한 급속화된 도시화의 추이 속에서 조성된 도시들이다. 이른바 근대적 도시의 탄생이다.

근대적 도시의 주요 구성요소들 중 하나가 대학이었다. 특정 도시의 지역 사회에서의 중심성과 팽창성이 그 도시에의 대학 유입의 필수조건이었다. 반면 거꾸로 대학의 출범이 도시의 팽창을 불러오기도 했다. 전자의 대표적인 사례는 영국 런던대의 칼리지들이다. 후자의 사례는 케임브리지와 옥스퍼드대 같이 중세 대학을 중심으로 근대 도시가 발전해 온 경우이다. 미국의 경우 17세기 이후 동부의 상업 중심지인 보스턴을 중심으로 들어선 하버드대와 MIT는 전자의 사례에 해당한다. 대부분의 근대 초기 대학들은 독특한 학풍의 전통 있는 대학으로 성장했으며, 나아가 도시의 특성을 선도해 갔다. 이들이 오늘날의 대표적인 대학도시들이다. 대학이라는 미디움이 도시공간과 역동적으로 상호작용적 반응을 하면서 그 도시공간의 의미구조를 주도적으로 이끌어 간 경우들이다.

반면 19세기 중순 이후 시작된 영국과 미국의 거점 국립대학 혹은 주립대학들은 근대 초기만큼 도시공간과의 역동적인 상호작용적 반응을 보이지 못했다. 대학과 도시공간의 이상적인 상호작용에 대한 성찰보다는 기계적인 교육 수요와 공급의 논리가 더 힘을 받았다. 그래서 좋은 주립대학들은 있지만 좋은 대학도시는 찾기 힘들게 된 것 같다.

서울의 근대 초기 대학들과 도시공간의 문제도 예외가 아니다. 일제강점기 이후 서울의 대표적인 근대 대학이 주도한 도시공간은 구 경성제대의 후신인 서울대 문리대, 상대, 농대, 그리고 보성전문의 후신인 고려대가 자리 잡은 북동부 라인, 그리고 연희전문의 후신인 연세대와 이화여대를 중심으로 한 북서부 라인으로 양분되어 시작됐다.

해방 후 서울에 수없이 많은 사립대학들이 들어섰고, 1970년대 서울대 종합캠퍼스가 관악으로 이전하면서 서울은 전방위 대학도시라고 해도 과언이 아닐 정도로 성장했다. 그러나 서울에 대학은 많지만 대학이 선도하는 도시공간의 수준은 여전히 미약하다.

1980년대 이후 대학로, 신촌, 홍대 앞, 신림동, 안암동 일부

지역을 대학문화의 사정권하에 있는 도시공간이라고 보기는 하지만, 실상 이들 간의 차별화가 쉽지 않을뿐더러, 전체로서의 서울의 대학문화도 무엇이라 딱 꼬집어 이야기하기 힘들다. 오히려 1970~1980년대의 명동과 종로 2가, 1980년대 이후의 강남역과 압구정동, 1990년대 이후의 청담동이 청년 대학문화의 중심으로 떠올라 대학로와 신촌 문화를 이끌어 갔음은 우리 대학의 도시공간에서의 위상을 이야기해 준다. 대학이 의미 있는 도시공간의 미디움 역할을 수행하지 못한 것이다. 이 문제는 대학 주위의 소비문화 공간의 문제보다 더 확대되어서 논의될 필요가 있다.

우리 대학이 도시공간, 나아가서 우리 사회의 공동체 공간에 어떤 역할을 해왔는가. 앞으로 주어진 역할은 무엇인가.

대학이 지닌 도시공간에서의 존립 가치는 대학의 도시공동체에의 '나눔'과 '배려'의 정신과 그 정신의 실천에 달려 있다. 대학 자신만을 위한 대학의 수명은 길지 않을 것이다. 그러나 도시의 지역 공동체를 위한 대학의 미래는 밝을 것이다. 역사 속에서 케임브리지대와 옥스퍼드대의 사례가 그러하다. 케임브리지와 옥스퍼드의 시민은 대학을 뜨겁게 사랑했고, 그래서 대학을 후원했다. 대학의 지역사회에 대한 나눔과 배려의 정신이 대학의 자산으로 고스란히 되돌아온 경우다.

대학이 나눔과 배려로 도시공간을 선도해야

대학이 나눔과 배려로 도시공간을 선도하기 위해 우선 실천해야 할 과제를 몇 가지 제시하고자 한다.

첫째, 대학은 도시공간으로 나가는 정문을 열고 담장을 허물어야 한다. 이는 대학과 도시의 물리적 경계를 포기함과 아울러 대학이 누려 왔던 상아탑의 권위의식에 대한 포기를 의미한다. 대학의 지식은 구성원과 공유되어야 하고, 나아가서 이웃과 사회와 공유되어야 한다. 강의실과 도서관은 대학생의 전유물이 아닌 지역주민의 자산임이 선언되어야 한다. 이로 인해 대학들이 모두 각 지역사회를 대표하는 지식 공유의 실천 현장이 되어야 한다.

사립대학의 경우 대학 건물 등 교육 인프라 기금의 절대 부분이 국민과 기업의 기부금으로 조성되고 있음은 이미 잘 알려진 바이다. 소중한 기부금으로 만들어진 건물 등 교육 인프라의 감가상각減價償却 가치를 고려할 때 이는 대학 구성원뿐 아니라 지역사회 주민, 나아가서는 사회 구성원 전체와 공유되는 것이 더 경제적이다.

둘째, 대학은 건물 등 교육 인프라뿐 아니라 교육 및 연구 프로그램의 울타리도 낮춰야 한다. 대학 강의실도 필요하면 개방되어야 하고, 도서관 문도 열려야 한다. 박물관, 미술관, 공연장 등 공간은 시민의 문화 및 편의시설로 더욱 활짝 열려야 한다. 이미 구미 각국에서 각광받고 있는 대학의 '오픈 코스 웨어Open Course

Ware'•는 우리 대학들도 채택하고 있는 대표적인 대학의 사회공헌 프로그램이다. 오픈 코스 웨어가 사이버 공간에서의 교육 프로그램 개방이라면, 이제는 '온 캠퍼스 코스 웨어On Campus Course Ware'도 적극적으로 고려되어야 한다. 이로 인해 지역주민과 도시인을 더 적극적으로 대학 공간 내로 유입하여야 한다.

이미 국내 각 대학의 사회교육원, 국제어학원 등은 비非학위 사회공헌 프로그램으로 자리 잡은 바 있다. 그러나 이들 프로그램은 본래의 취지와는 달리 대학의 수익사업으로 활용된다는 인상을 많이 준다. 좀 더 적극적으로 신규 프로그램을 개발하면서 수익사업이라기보다는 사회공헌사업으로 확고히 자리매김한다면 이는 대학과 도시의 상호개방과 나눔의 매개로 더욱 활성화될 것이다.

셋째, 대학이 지역주민의 지적·문화적 욕구뿐 아니라 미래사회의 기대에 부응하는 프로그램을 적극적으로 개발해야 한다. 지역사회의 노년층을 위한 고품격 실버타운 조성이 한 사례가 될 수 있다. 본격적인 노령화 사회 도래에 대한 국가와 지방자치단체의 대비가 여전히 미진한 이 시점에 대학이 먼저 그 방향성을 제시하고 본격적인 사회공헌 프로그램을 얼마든지 구상하고 실천할 수

● 대학에서 진행되는 강의를 온라인으로 누구나 들을 수 있도록 무료로 공개하는 대학의 사회공헌 프로그램.

있다. 실버타운은 대학의 의료원, 보건대학, 간호대학과의 연계를 통해 보다 실효적 운영이 가능하다. 아울러 대학이 제공하는 다양한 교양교육 프로그램의 제공으로 노년층의 삶의 질적 가치를 크게 높일 수 있다.

지역사회 어린이와 청소년, 다문화 외국인, 나아가 장애인을 위한 고품격 복지시설의 조성도 고려할 만하다. 광의의 '국가 및 사회 인권센터' 조성이라는 큰 그림은 어떤가. 이 큰 그림하에 스포츠 · 레저시설, 어린이 보육시설, 다문화 외국인센터, 장애인 복지센터를 조성한다면 분명히 대학의 사회에 대한 적극적인 개방과 나눔의 실천 사례가 될 것이다.

이 정도의 분명한 목적을 가진 사회공헌 프로그램 개발 의욕을 보인다면 대학 주위의 관심과 기부의 손길도 이어질 것으로 예상된다. 뜻을 같이하는 개인과 기업의 기부금으로 대학의 지역사회 공헌이 이루어지면 그 자체가 갖는 사회적 의미는 매우 클 것으로 예상된다.

대학과 도시공간의 동반성장을 위해

근대 이후 구미 대학들이 도시공간의 발전에 긍정적 영향을 끼친 사례는 무수히 많다. 한때 도시의 주력산업 발전을 이끌고, 연구 자문하고, 핵심 산업인력을 배출하는 역할을 함으로써 실제적인 도시 발전에 기여한 사례들이 그것이다. 이상적인 산학협력의 모델로 보였다. 그런데 이 모델의 한계는 핵심 주력산업이 침체기에 든 이후 대학의 역할에 있다.

대학이 별다른 대안을 제시하지 못하면 그 도시의 산업과 대학은 함께 당분간 침체의 늪을 빠져나오기 힘들어진다. 한때 산업 혁명기를 이끌었던 영국 북부 도시들의 기계, 전기, 화학, 조선 산업 등이 제 2차 세계대전 후 침체하면서 도시도 침체되었고, 나아가 대학도 나름의 미래 역할상을 한동안 찾지 못한 사례가 여기에 해당한다.

보다 이상적인 대학의 도시공간과 도시공동체에 대한 기여 모델은 나눔과 배려의 실천이다. 이는 보다 본질적인 고민을 담고 있는 모델이며, 보다 오래갈 수 있는 모델이다. 그러나 대학이 나눔과 배려의 정신 실천으로 도시공간, 나아가 도시공동체에 대한 책무성을 수행하는 데는 현실적인 제약이 있다. 정부 부처와 지자체가 가진 대학의 사회적 기여에 대한 몰이해가 그것이다. 특히 수도권 사립대학 및 주위 부지 개발과 관련하여, 정부와 지자체는 이를 환경 및 시민권익 보호라는 가치와 정면 대립하는 것으로 지나치게 단순화하여 보고 있다.

대학이 주위의 도시공간 개발을 통해 무엇을 하고자 하며, 그것이 도시공동체의 미래에 어떤 영향을 끼칠 것인지에 대해 진정성 있고 치밀한 사례별 검토가 반드시 필요하다. 예외적 검토를 불허하는 일반화된 규제는 대학이 도시공간에 기여할 수 있는 모든 가능성을 닫게 하는 철저한 배제의 논리일 뿐이다.

대학이 도시공간으로 나가는 진로를 보장해 주고, 나아가 도시 공동체에 기여하는 실천적 대안들을 스스로 찾아가도록 도와주어야 한다. 대학이 고품격 실버타운과 인권센터 등 미래형 복지 공간을 확보함으로써 얻는 실익은 결국 시민들에게 돌아올 것이며, 정부와 대학, 그리고 시민이 모두 만족하는 모델이 탄생할 수 있다.

대학이 밤마다 정문을 걸어 잠그고, 담장을 높이던 시대는 지났다. 스스로 문을 열고 담을 헐어 낼 때이다. 상아탑의 전유물인 교육 프로그램도 적극적으로 개방해야 한다. 도시공간과 공동체에 기여하는 획기적 프로그램과 인프라를 개발해야 한다. 새로운 공간과 건물을 확보하되 대학 재단과 대학인의 것이 아닌 도시공간 공동체 구성원 모두의 것으로 개발해야 한다. 이를 통한 대학의 나눔과 배려의 실천이 미래 대학과 도시공간의 이상적인 청사진이다.

도시는 미디움이다. 서울 자체가 하나의 미디움이다. 미래 서울과 같은 대도시가 과연 어떤 의미구조를 시민들과 공유하는 미디움이 될지 궁금하다. 도시 속의 대학도 하나의 미디움이다. 우리 사회의 미래 대학이라는 미디움이 갖게 될 의미구조 또한 궁금하다. 미래 대학과 도시공간이라는 미디움이 지나치게 크고 복잡하고, 그래서 그 속에서 사람 사는 모습을 찾기 힘든 의미체계 속에 갇히기를 원치 않는다.

　대학과 도시공간이 서로 닫힌 문을 열고 대화의 테이블로 나와야 한다. 그래서 대학과 도시공간이 공유하고 나누고 서로에게 배려하는 것이 바로 미래사회가 요구하는 이상적 의미구조임을 다시 한 번 강조한다. 그리고 충분히 가능한 미래 대학과 도시공간의 모습이라고 믿는다.

대학 공교육 지원 늘려 경제 불평등 해소를

|

매경시평, 〈매일경제〉, 2014. 10. 5.

2014년 9월 〈매일경제〉의 세계지식포럼 사전행사에 초청받아 방한한 토마 피케티Thomas Piketty 파리경제대PSE 교수는 우리 사회의 소득과 부의 분배 문제에 매우 논쟁적인 화두話頭를 제공했다. 자본수익률과 경제성장률의 차이가 경제불평등을 심화시킨다는 주장이 그것이다.

이를 해결하기 위해 부유층에 대한 고율의 누진세와 상속세, 그리고 심지어는 글로벌 부유세를 부과해야 한다는 주장의 실효성과 현실 가능성에 대해서는 물론 학자들 간에 다양한 이견이 있다. 그럼에도 전 세계 경제 양극화 문제의 배경인 후기 자본주의 사회의 형성 원리와 문제점에 대한 치밀한 역사적 자료를 바탕으로 한, 논증 자체가 매우 신선한 문제 제기였다.

피케티 교수가 사회의 부를 공정하게 배분하기 위한 국가의 장기 기초공사 프로젝트로 '공교육을 위한 사적 비용'을 줄이는 정책을 제안한 점 또한 흥미롭다. 피케티 교수의 주장을 해석하면서 몇몇 언론의 오류가 있었음은 유감이다. 피케티 교수가 우리 사회의 과다한 초·중·고등학생 사교육 비용 문제를 이야기한 것은 결코 아니었다. 부의 공정한 배분을 위해 유연한 계층 간 이동 기회가 열려 있어야 하며, 그 수단이 바로 '공교육'이라고 본 것이다. 이를 위해 국가가 초·중·고등학교에서 대학에 이르는 공교육 시스템을 적극 후원할 의무를 갖는다는 것이다. 국가의 공교육에 대한 재정적 후원을 통해 궁극적으로 사회의 경제 불평등 문제가 해결될 수 있다고 보는 견해에 절대 동감한다.

2013년 교육부 통계에 의하면 고등학교 졸업생의 약 70%가 대학에 진학한다. 경제협력개발기구^{OECD} 평균에 비해 매우 높은 비율이다. 어쨌든 지난 수십 년 동안 우리 경제 발전에 기여해 온 것이 바로 이 교육열이었다는 점은 부정할 수 없다. 중요한 것은 이 정도의 대학 진학률이라면 우리 사회에서 대학은 더 이상 선택적 접근이 아닌 보편적 접근의 대상으로 봐야 한다는 점이다. 국민의 대학교육에 대한 보편적 접근권이 인정된다면 모든 대학교육은 사회기간자본으로 국가가 후원해야 함이 타당하다.

피케티 교수가 제안한 대로 대학교육 무상 실현은 재정을 고려할 때 매우 어려운 일이다. 그러나 현재의 공교육에 대한 사적 부담의 무게는 너무 심하다. 그 무게를 덜어 주는 정부의 노력이 반드시 필요하다. 이 노력이 궁극적으로 미래 우리 사회 경제민주화를 위한 소중한 기반이 될 것이기 때문이다.

정부의 대학교육에 대한 재정적 후원이 전체 대학 중 18%에 불과한 국·공립대학에만 집중되어 있는 것은 매우 큰 문제다. 실제 전체 대학생 중 정부의 후원을 받는 국·공립대학생의 수는 20%를 조금 상회하는 정도다. 대학생 5명 중 4명은 정부 후원이 거의 없는 사립대학에서 과다한 등록금 부담을 감수하며 공부해야 하는 것이 현실이다.

필자가 근무하는 대학이 2014년 공정한 경쟁 과정을 통해 수주해 연구 목적에만 활용해야 하는 국가연구비를 제외하고 정부로부터 받은 재정적 후원은 대학 전체 예산의 0.5% 수준이다. 정부가 사립대학을 바라보는 방관자적 시선에 대한 확실한 증거다.

정부는 사립대학생과 학부모의 부담을 대학의 '반값 등록금'으로 해결하려 한다. 그러나 이것이 궁극적 해법이 아니라는 것은 삼척동자도 다 아는 바다. 반값 등록금으로 인해 대학교육의 질이 추락한다면 그 직접적 피해자는 바로 우리 아들과 딸들이다.

사립대학생들도 국가가 후원하는 보편적 공교육 혜택을 받을 권리가 있다. 이 문제에 대한 정부의 즉각적 관심이 미래사회 경제 불평등 문제 해결을 위한 중요한 단초가 될 것이라는 피케티 교수의 조언에 귀를 기울여야 한다.

문화융성은 대학 창의성 교육에서부터

|

매경시평, 〈매일경제〉, 2015. 2. 26.

2015년 2월 24일 박근혜 대통령은 문화·예술·체육 분야를 후원하는 대표적 기업인들과 오찬을 하는 자리에서 이탈리아에서 모범적으로 학문·예술을 후원한 메디치 가문을 예로 들며 기업인들이 문화융성 시대를 여는 한국의 메디치가 돼달라고 당부했다. 다음 날인 25일에도 대통령은 꿈과 열정을 지닌 문화 콘텐츠 기획·제작자를 응원하고 한껏 지원하고자 한다는 강한 의지를 보였다.

임기 3년 차를 맞는 대통령이 문화·예술 산업에 대한 전략적 집중의 강한 의지를 유감없이 표명한 것은 매우 고무적이다. 그러나 문화융성이 대통령의 의지와 기업의 지원만으로 이뤄지는 것은 아니다. 문화와 그 경쟁력에 대한 보다 근본적인 성찰이 필요하다.

경쟁력 있는 문화의 생명은 '창의성'이다. 인간의 창의성은 상당 부분 타고나는 것이다. 그러나 이는 또한 훈련에 의해 계발되는 것이기도 하다. 이는 각급 학교와 대학이 담당해야 할 몫이다.

우리 학교와 대학교육이 '암기 근육'이 아닌 '생각 근육'을 키우는 방향으로 획기적인 전환을 하지 않고서는 불가능한 일이다.

우리 교육은 모든 미래지향적 개혁 아이디어를 눈앞의 입시 전략이라는 블랙홀로 빠져들게 하는 구조적 문제를 갖고 있다. 공교육과 사교육이 모두 이러한 구조로부터 자유롭지 못할뿐더러 그 구조를 고착화하는 적극적 공조자인 것이 문제다. 미국 수학능력시험SAT조차 일단 한국의 사교육이 개입한 후에 암기 근육의 경연장으로 매우 신속하게 변질된 사례가 있다. 우리 사교육의 놀라운 현실적 적응력과 응용력의 성과다.

매우 슬픈 현실은 대부분의 우리 10대들은 암기 근육이 비정상적으로 비대해지고, 생각 근육이 상대적으로 위축된 채 대학에 진입한다는 것이다. 그래서 이들의 균형적 근육 발달 재활 프로그램을 맡게 된 대학의 역할이 중요하다.

우선 대학 강의실이 도서관이 아닌 놀이터로 바뀌어야 한다. 교과서에 형광펜으로 마크하며 하는 공부는 강의실이 아닌 도서관에서 이뤄져야 한다. 강의실은 토론실로 전환돼야 한다. 강의실이 아닌 토론실에서 교수와 학생은 끊임없이 생각하고, 서로 자유롭게 이야기하는 교육 방식으로 재설계돼야 한다. 단 하나의 정답을 찾아내는 것이 아니고 다양한 대안적 답을 자유롭게 토의하며 스스로 찾아가는 열린 토론실이 필요하다. 그런 의미에서 강의실이 놀이터가 돼야 한다는 것이다.

창의성은 도서관이 아닌 놀이터에서 나온다. 이러한 문제의식에서 요즘 대학은 '거꾸로 학습하기flipped learning'를 이야기하고 있다. 학습 목적이 다른 만큼 그 방법도 달라져야 한다는 이야기다. 창의적 학습 공간을 확보하기 위한 운동은 대학을 넘어서 기업까지도 확산돼야 한다. 튼튼한 암기 근육이 미래 기업이 요구하는 인재의 필수 요건이 돼서는 희망이 없다. 기업의 모든 인력이 기존 틀을 고수하고 관리 역할만 한다면 기업에 희망이 없기 때문이다. 그보다는 견실한 생각 근육을 가진 기획형 미래 인재와 그들의 창의성이 더욱 요구된다.

따라서 정부와 기업의 미래 문화·예술 융성을 위한 후원의 초점은 창의적 교육 시스템에 맞춰져야 한다. 새로운 스토리를 발굴하고 새로운 스타일의 옷을 입히는 것이 미래 문화·예술 콘텐츠의 핵심 경쟁력이다. 이를 위해 새로운 생각의 힘이 필요하다는 것이다.

대학의 창의적 교육 시스템 개발이 하루아침에 이뤄지는 것은 아니다. 우리 대학도 아직 채 익숙지 않은 프로젝트이기 때문이다. 실패를 딛고 궁극적 성공 모델을 만들어 낼 수 있는 시간적·재정적 여유의 불가피성을 이해하는 관용이 필요하다. 대학에 대한 정부와 기업의 지원과 후원도 이러한 이해를 바탕으로 이뤄져야 한다.

새로운 것을 만들어 내는 창의적 프로젝트 개발이 미래 문화융성의 핵심이다. 그리고 이를 이끌어 갈 미래 인재의 생각 근육을 견고하게 세워 주는 교육 시스템을 만드는 것이 미래 문화융성의 선결 요건이다.

대학개혁의 두 바퀴, 자율과 책임

|

매경시평, 〈매일경제〉, 2015. 4. 2.

황우여 사회부총리 겸 교육부 장관이 대학 총장들을 만났다. 그 자리에서 황 부총리는 교육부가 앞장서서 대학을 재단하고 자원을 배분하는 일을 하는 것이 아니라, 대학들이 함께 머리를 맞대고 고민한 안을 토대로 적극 지원하는 일을 하겠다고 이야기했다. 개인적 생각이라는 단서를 달았지만, '사회적 교육기금'을 설립해 대학 경영을 지원하는 안도 제시했다.

부총리 발언을 자세히 들여다보면, 그동안 교육부가 대학을 일방적으로 평가하고 이를 바탕으로 자원배분 기능을 해왔다는 점을 어느 정도 시인한 셈이다. 그러기에 부총리가 제안한 사회적 교육기금이 또 다른 교육부 주도 개혁의 명분이 되는 것은 아닌지 염려된다. 그럼에도 향후 교육부가 직접 대학개혁을 주도하기보다는 대학의 자발적인 정책 제안과 노력이 먼저라고 인식했다는 점은 일단 고무적이다.

대학개혁이 다시 화두다. 다음 세대의 교육이 국가와 사회의 명암을 좌우하기에 대학교육의 중요성은 더 말할 필요조차 없다.

유감스럽게도 요즘 대학에는 생동감이 사라졌다. 대학은 교육부의 구조조정 요구에 대응하느라 급급하다. 국가연구비 심사 요건을 갖추느라 정작 연구할 시간이 없다는 교수들 푸념도 여전하다. 학생들은 소중한 대학 시절에 무엇을 배우고, 무엇을 느끼고 사회에 진출해야 하는지에 대한 고민이 없다. 넓은 백사장에서 홀로 모래를 퍼내는 아이와 같이 목적 없는 스펙 쌓기에 시간을 보내는 모습이 안타깝다.

우리 미래세대를 위해 대학에 생동감을 다시 불어넣어야 한다. 교수도 학생도 흥에 겨워 공부하고 토론하는 새로운 에너지 충전이 필요하다. 새로운 에너지는 '자율'에서 나온다. 대학에 자율적으로 신입생을 선택할 수 있는 전적인 권한을 주어야 한다. 교육부와 한국대학교육협의회 가이드라인 때문에 원하는 학생을 뽑지 못하는 대학에서 살아 움직이는 생동감을 기대할 수 없다. 각 대학의 특수한 입시 가이드라인이 당국의 일반적 가이드라인을 압도해야 대학 색깔이 살아난다. 흔히 말하는 대학 특성화도 자연스럽게 이루어진다. 대학에 생명의 숨소리가 돌아온다.

오랫동안 금기시돼 온 '기여입학제'도 이제는 허용돼야 한다. 기여입학제가 대학에 생동감을 불러올 수 있다면 과감히 도입해야 한다. 기여입학의 중요한 수혜자는 대학과 재단이 아니다. 바로 우리 국가와 사회를 이끌고 갈 미래세대다. 이들의 어깨가 펴지고, 얼굴에 생기가 넘칠 수만 있다면 더 이상 피해 갈 이유가 없다.

대학의 교과과정 운영도 훨씬 더 유연해져야 한다. 대학이 다양한 융합 전공을 자율적으로 만들 수 있도록 도와줘야 한다. 대학 학기제도도 좀 더 유연한 방식으로 변화해야 한다. 1년 3학기 제도도 고려해야 한다. 교수와 학생이 두 학기 동안 집중해서 공부하고, 한 학기는 자신이 원하는 다양한 경험과 충전의 시간으로 활용할 수 있도록 해야 한다.

자율에는 필연적으로 '책임'이 수반된다. 책임 없는 자율은 대학 캠퍼스를 무법천지로 만들 소지가 있기 때문이다. 그 책임은 대학의 몫이고, 교수의 몫이고, 학생의 몫이다. 책임이 따르는 자율의 연습은 우리 다음 세대가 만들어 갈 미래 시민사회의 훌륭한 연습장이 될 것이다. 대학이 그 연습장이 돼야 한다.

부총리가 언급한 사회적 교육기금보다 우리 대학교육에 더 시급한 것은 '사회적 신뢰자본'이다. 정부가 대학을 믿지 못한다면 진정한 개혁은 요원하다. 대학개혁은 과감한 실험으로 시작돼야 한다. 각 대학 나름의 정교한 인재상과 교육이념, 실천방안을 자율적으로 만들 수 있도록 공간과 시간이 허용돼야 한다. 정부는 무한 신뢰의 시선으로 대학을 바라봐야 한다. 대학도 미래사회에 대한 책임감으로 정부의 신뢰에 화답해야 한다. 대학개혁은 자율과 책임의 토양에서 비로소 가능하다.

국가 인재양성, 기업 R&D와는 다르다

|

매경시평, 〈매일경제〉, 2015. 5. 7.

'교육'과 'R&D'는 다르다. 교육의 목적은 두말할 것 없이 미래 인 재 양성이다. 반면 R&D는 기술 혹은 경영의 혁신으로 기업과 조직의 현시적 성과물을 만들어 내는 것을 목적으로 한다. 교육 의 성과는 즉각적이지 않다. 씨앗이 새싹을 틔우고 잘 자라서 열 매를 맺기까지는 시간이 걸린다. 항상 그런 것은 아니지만 R&D 의 경우 비교적 빠른 시간 내에 획기적 성과도 가능하다.

 기획재정부가 교육과 R&D의 이토록 명확한 차이를 혼동하는 것 같아 우려된다. 최근 기재부가 발표한 2016년 예산 구조조정 안에 의하면, 교육부의 대표적인 학술인재 교육 프로그램인 'BK Brain Korea21 플러스' 예산을 절반으로 축소하는 것을 고려 중이 다. BK 21은 1999년 개시돼 지난 15년간 계속돼 온 국가지원 대 학원 인재양성 프로그램이다. R&D보다 효과의 즉시성이 떨어 지는 BK 21 사업을 지속적으로 후원해 온 것은 미래 지식사회의 전문가를 육성하고자 하는 교육부 의지가 반영되었기 때문이다. 이는 몇 안 되는 성공적 정책추진 사례다.

실제로 BK 21 사업의 성과는 대학원생의 전문인력 취업률 신장에서 나타났다. 또한 연구·학술 실적도 크게 향상됐다. 과학기술 분야의 세계 유수학술지 논문 수는 지난 15년간 4배 이상 늘어났다. 인문사회 분야도 8배가 넘는 논문 수 증가를 보였다. 논문 수의 양적 성장이 반드시 연구 수준의 향상을 담보하는 것이 아니라는 지적도 있다. 그럼에도 독일 도이체방크Deutsche Bank 연구소의 보고서와 미국 고등교육 전문지 〈크로니클 오브 하이어 에듀케이션The Chronicle of Higher Education〉이 보도한 바와 같이, 해외에서도 국내·외 산업특허 성과와 산업체 연구비의 획기적인 성장을 불러온 BK 21의 성공 사례에 주목하고 있다.

　기재부가 정부 부처의 구조조정 대상사업에 'BK 21 플러스'를 넣고자 하는 것은 미래 국가 경쟁력을 생각하며 추진해야 하는 핵심 교육사업과 국가 R&D사업을 제대로 구별하지 못한 단견短見에서 비롯된 것 같다. 다음 세대가 이끌어 갈 국가 미래에 어두운 그림자를 드리우는 것 같아 걱정된다.

　별도의 국가재정 후원을 받는 국립대와 반값 등록금과 규제의 틀 속에서 고군분투하는 사립대 인재양성 프로그램의 불평등 경쟁 구조도 지적하고자 한다. 정부는 국립 서울대의 경상예산에 매년 약 4천억 원을 지원한다. 반면 경쟁을 통해 수주하는 연구비를 제외하면 매우 적은 수준의 정부 교육정책 협력 '보상형' 지원만을 받는 다수 사립대에 대한 정부 지원은 비교할 수 없을 정도로 미미하다. 국립대와 사립대 간 경쟁의 출발점이 다르다는 이야기다. 그런 의미에서 분명한 불평등 경쟁이다.

건국 이후 눈부신 산업 발전을 견인해 온 사립대 출신 인재들의 기여에 대해 정부가 눈을 감고 있어 유감이다. 만약 'BK 21 플러스' 재정지원의 감축이 불가피하다면, 정부지원에서 소외된 사립대에 대한 교육지원을 집중하는 것이 정당하다. 미국 연방정부가 사립대의 이공대 연구 인프라에 국가재정 투자를 꾸준히 해온 이유가 무엇인가 생각해 봐야 한다.

국가 R&D의 목적과 교육의 목적에 대한 몰이해는 다음 세대들이 열어 가야 하는 미래 지식사회의 문턱에 분명한 적신호다. 15년간 지속된 고급 국가인재 프로그램이 구조조정의 대상이 된다면 이는 그야말로 유시무종有始無終의 대표적 정책실패 사례가 될 것이다.

민족의 운명이 풍전등화風前燈火였던 20세기 초반, 우리 선각자들은 민간 고등교육기관의 설립을 통해 인재를 양성해 냈다. 국가가 못 한 일을 우리 손으로 해낸 위대한 선배들이었다. 배출된 인재는 건국 후 국가의 경제와 산업 발전에 이바지해 왔다. 그들은 미래를 본 것이다. 우리는 지금 그 혜택을 누리고 있다. 이제 우리가 더 큰 혜택을 미래세대에 물려줘야 한다. 국가재정의 교육에 대한 후원이 더 많아져야 한다. R&D가 실패하면 기업이 망하지만, 인재양성에 실패하면 국가가 망한다.

다음 세대의 집합적 불안을 대비해야 한다

|

매경시평, 〈매일경제〉, 2015. 6. 11.

수많은 학교가 문을 닫고 모임들이 취소됐다. 메르스 바이러스 전염보다 더 우려되는 것은 극심한 '집합적 불안' 심리의 전방위 확산이다. 내가 쓴 하얀 마스크는 나의 코와 입을 보호한다. 그러나 거리에서 마주치는 수많은 하얀 마스크의 잔영은 이성적 판단과 자연스러운 감성의 흐름을 원천적으로 통제한다. 심리·정서적 급성 호흡곤란증세가 그것이다.

이 증세의 즉각적인 예후는 사람을 바짝 움츠러들게 하는 것이다. 정부 당국을 믿기 어려울 때는 스스로 개별 격리가 상책이다. 현재의 불안에서 나를 지킬 수 있는 것은 결국 나밖에 없으니까. 지극히 당연한 생존전략이다. 그러나 시민들이 모두 문을 걸고 들어가 꼭꼭 숨어 버리면 도시는 순식간에 음산한 유령도시로 변한다. 도시는 순식간에 폐허가 된다. 그 도시에 더 이상 미래와 희망은 없다. 그래서 무서운 것이 바로 집합적 불안이다.

필자가 대학 캠퍼스에서 지켜본 우리 다음 세대에게도 나름의 집합적 불안증세가 보인다. 다음소프트의 최근 빅데이터 분석 결

78

과에 의하면, 우리 대학생들은 현시점의 일상과 미래에 연관된 매우 광범위하고 총체적인 불안을 이야기하고 있다. 대학생 커뮤니티에 나타난 이들의 일상에서 대학에서의 학업과 생활보다 여전히 더 중요한 것은 대학 서열 매기기와 대학별·학과별 비교다.

트랙에 올라선 프로 육상선수는 자신의 역량을 순간적으로 극대화하는 데만 집중한다. 옆에 선 경쟁선수의 몸 상태에 더 신경 쓴다면 그는 아마추어다. 왜 그럴까. 불안하기 때문이다. 대학입시생 때부터 몸에 밴 불안증세가 이제는 만성질환 수준이다.

우리 대학생들이 학업 성취보다 취업을 훨씬 더 많이 이야기하고 있다. 사회에 대한 기여나 봉사 대신 아르바이트를, 미래에 대한 희망 대신 자격증을, 미래를 향한 도전이 아닌 현실 적응을 훨씬 더 많이 이야기하고 있다. 많은 사람들이 요즘 세태가 그러려니 하고 그냥 웃고 넘긴다. 증세 이면의 원인에 대한 철저한 규명과 증세의 예후에 대한 치밀한 진단은 애써 회피한다.

집합적 불안의 원인은 정확한 정보와 진정성 있는 소통의 부재다. 불편하지만 반드시 해야 할 이야기는 해야 한다. 그것도 진정성 있게, 그리고 정확하게 해야 한다.

지난 25년 동안 우리 사회의 노동인구 중 대기업 종사자 수는 절반으로 줄었다. 당연히 대학생들의 대기업 취업 기회도 크게 줄었다. 그런데도 강단의 교수와 사회의 어른들이 여전히 대기업적 인간상을 이야기하고 있다. 모순이다.

대학생들에게 급격히 바뀌어 가는 미래사회상을 정교하게 설명해야 한다. 그리고 진지하게 토론해야 한다. 함께 미래사회에 대비해야 한다. 그래야 집합적 불안이 사라지고 근거 있는 희망이 그 공간을 매우게 된다. 이것이 대학의 책임이고, 강단의 교수들 책임이며, 또한 앞선 세대 모두의 책임이다.

최근 영국 옥스퍼드대에서 발간한 〈미래고용보고서〉는 20년 후에 사라질 일자리로 텔레마케터, 화물·창고업, 자동차엔지니어, 회계전문가, 보험판매원을 꼽았다. 미국의 미래학자 토머스 프레이Thomas Frey는 20년 후에 가장 각광받을 일자리로 고속교통운송, 환경 에너지, 지구촌 시스템, 공유경제, 드론, 3D 프린팅, 빅데이터 전문가를 꼽았다. 매우 충격적인 정보로 받아들일 수 있다. 그러나 다음 세대의 미래에 대한 집합적 불안증세 치유를 위한 명쾌한 처방정보다.

앞선 세대가 과거와 현재의 패러다임에 기반한 고정관념과 기득권에 집착해서 다음 세대에게 미래 패러다임에 대한 분명한 비전을 제시하지 못한다면 이는 심각한 책임유기다. 다음 세대가 이를 진지하게 받아들여 성찰하고 미래를 준비하지 못한다면 이 또한 책임유기다. 메르스에 대한 불안과 미래사회에 대한 불안, 집합적 불안이 수반하는 사회적 비용은 동일하게 지대하다. '유령도시 세대'의 도래를 막을 수 있는 해법이 필요하다. 예견적 정보와 진정성 있는 소통이 해법이다.

코로나19 시대의 대학 공부

|

〈고대신문〉, 2020. 3. 12.

이른 아침 출근길에 대학의 문 닫힌 건물 앞에서 학생 두 명을 만났다. 학부 20학번 신입생이란다. 대학 건물이 출입통제라는 얘기는 들었지만 이것저것 궁금해서 그냥 한번 와봤다고 한다. 대학에 입학은 했는데 입학식도 취소되고 대면강의도 계속 늦춰지니 오죽 답답했을까. 바라보는 내 마음도 애잔했다.

코로나19가 우리 사회에 불러온 파장은 이미 엄청나다. 앞으로도 상당한 후폭풍이 예상된다. 후대 역사가가 코로나19 이전과 이후의 시대를 구분할지도 모르겠다. 정치·경제·사회는 물론이고 일상의 사회적 관계와 개인 정체성에도 큰 변화가 있다. 세계적 전염병 확산으로 사회적 격리의 경험이 누적되면, 일상적 삶의 폐쇄성이 높아질 것이다. 허리를 펴지 않고 자꾸 움츠려들면 개인의 창의성과 열정도 퇴보할 것이다.

어려운 시기이기에 대학에서의 공부 방법에도 변화가 필요하다. 첫째, 과거에 보지 못했고 풀어 보지 못했던 어려운 문제에 도전하는 열정에서 시작하는 공부가 필요하다. 코로나19는 인류 역사상 경험하지 못한 전염병이다. 그래서 의학 전문가들은 백신과 치료제 개발에 도전해야 한다. 의료 행정체계를 순조롭게 운영하기 위한 문제 해결도 필요하다. 국민을 위한 맞춤형 메시지를 만들어 효율적으로 전달하는 일도 중요하다. 사용자 편의의 관점에서 마스크를 생산하고 유통하는 일에도 도전해야 한다.

모두 왕성한 문제의식과 열정으로 도전해야 할 문제들이다. 이를 위해 생물학, 조직 행정, 미디어 기획, 물류 생산과 유통에 대한 기초 공부가 물론 필요하다. 그러나 그건 필요에 따라 보완하면 된다. 문제의 발견이 우선이다.

어렵지만 의미 있는 문제의 발견과 이에 대한 도전의 열정이 크면, 이를 해결하기 위한 기초 공부는 훨씬 재미있어진다. 최근 새로이 주목받는 미국 동부 대학인 올린공과대학Olin College of Engineering은 스스로 어려운 문제를 발견하고 해결해 나가는 열정을 가진 학생들을 우선 선발한다. 대학은 이들의 문제해결 연습을 돕는다.

둘째, 실패를 두려워하지 않는 공부 자세가 필요하다. 어려운 일의 도전에 실패는 당연하다. 중요한 것은 좌절하지 않고 다시 일어서는 자기회복력이다. 문제해결을 위한 디자인적 사고를 훈련하는 스탠퍼드 디자인스쿨에서는 '실수는 없다. 승자도 패자도 없다. 단지 만드는 것만이 있다'라고 스스로를 독려한다. 도전이 없으면 실패도 없다. 문제해결 성공의 방정식은 존재하지 않는다. 그래서 스탠퍼드 디자인스쿨은 '문제해결의 유일한 방법은 그냥 그것을 계속 하는 것이다'라고 이야기한다.

셋째, 사회를 바꾸는 공부가 필요하다. 기업은 안정적 수익 창출로 지속가능한 조직을 유지하는 것을 목적으로 한다. 여기에 기업의 사회적 가치social value 추구 또한 중요하다. 대학 공부도 마찬가지다. 자신의 성장과 아울러 자신의 전공과 관심 분야에서 사회에 의미 있는 영향력을 끼치는 방법을 찾아야 한다. 이것이 대학 공부의 사회적 가치다.

유튜버로 성공하는 것도 중요하지만, 유튜브로 선한 영향력을 사회에 끼치는 것이 더 중요하다. 인공지능 전문가가 되는 것도 중요하지만, 과학적 지식으로 사회에 어떤 의미 있는 변화를 만들 것인가는 더 중요하다. MIT 미디어랩 설립자인 제리 위스너 Jerry Wiesner는 우리 일상을 더욱 안전하고, 건강하고, 공정하고, 생산적으로 만들기 위한 테크놀로지에 대한 이상을 이야기했다. 지난 30여 년간 MIT 미디어랩은 꾸준히 세상의 혁신을 이끌어 왔다.

역사 속에서 가장 힘들었던 시기는 가장 큰 변화와 혁신의 시기였다. 코로나19 시대, 대학에서 무엇을 어떻게 공부할 것인가에 대한 성찰을 통해 암울한 터널 끝의 한 줄기 빛을 바라본다.

'코로나 덕분에' 다시 생각해 보는 대학

|

〈고대신문〉, 2020. 5. 28.

필자는 2020년 3월 22일 자 이 지면(〈고대신문〉)에서 후대 역사가가 코로나 이전과 이후 시대로 현대사를 구분할지 모르겠다고 이야기한 바 있다. 불과 두 달이 지난 지금, 이를 아니라고 할 사람은 많지 않아 보인다. 많은 사람들이 '코로나 때문에'와 '코로나 덕분에'를 이야기한다.

모두 코로나가 만들어 낸 일상의 위기와 또 다른 기회에 대한 이야기들이다. 코로나가 야기한 우리 경제와 사회 제반 분야의 변화와 예측에 대한 담론도 무성하다. 코로나라는 블랙홀이 우리 일상을 통째로 삼켜 버리는 엄청난 변화의 추이는 앞으로도 당분간 계속될 것 같다.

이즈음 우리의 관심이 대변혁의 소용돌이에서 살아남기 위한 임기응변 노하우의 공유 수준에만 머물러서는 안 된다. 완전한 회복과 건강한 새 출발을 위한 근본적인 문제 발견, 그리고 신중하고 치밀한 해결방안의 제시가 필요하다. 눈앞의 생존 전략보다 더 중요한 것이 당면한 사안의 본질에 대한 차분한 분석과 진단이라는 점은 아무리 강조해도 지나치지 않다.

이 시점에 대학은 무엇을 해야 하는가, 우리는 대학에서 무엇을 어떻게 공부할 것인가에 대한 성찰을 다시 거론하는 이유도 여기에 있다.

대학이 존립하는 목적은 새로운 지식을 만들어 내고 이를 다음 세대에게 전수하는 것임에 다름 아니다. 그러나 이를 통해 젊은 인재를 입신양명立身揚名의 길로 이끌어 주는 것이 대학의 목적 자체여서는 안 된다. 대학의 궁극적 목적은 국가와 사회 공동체의 미래를 열어 주는 지식을 만들고, 그 미래를 이끌어 주는 인재를 키우는 데 있다. 인류 공동체의 미래가 견고히 세워진다면 그 공동체를 구성하는 개개인의 미래는 당연히 보장되기 때문이다. 고려대의 전신인 보성전문이 일제하 암울했던 시절 교육구국教育救國을 이야기했고, 보성전문을 인수한 인촌人村이 공선사후公先私後를 이야기한 이유도 여기에 있다.

개인의 자유는 더없이 중요한 가치다. 그러나 이는 반드시 공공의 선善을 전제로 해야 한다고 보는 공동체적 자유주의가 갖는 공공 철학적 함의를 잘 음미해 볼 필요가 있다.

한나 아렌트Hannah Arendt는 《인간의 조건The Human Condition》에서 인간의 노동labour, 창의적 작업work, 사회적 활동action을 구별해 설명했다. 아렌트에 의하면 인간의 자율적이고 창의적인 작업 영역이 생존을 위한 노동보다 훨씬 더 중요한 개인적, 사회적 의미를 갖는다.

그런데 그보다 더 중요한 것은 시민사회 구성원으로서의 사회적 활동이다. 아렌트는 이를 '실천적 삶Vita Activa'이라고 부른다. 아렌트의 실천적 삶의 개념을 너무 거창하게 해석할 필요는 없다. 코로나가 창궐한 시기에 대구 동산병원까지 한걸음에 달려간 의사와 간호사, 감염 경로를 시시각각 업데이트하는 무료 앱을 개발한 대학생만 실천적 삶의 사회적 활동을 한 것이 아니다. 공공장소에서의 철저한 마스크 착용, 물리적 거리두기를 지키는 생활습관의 준수도 공동체를 수호하는 선한 시민의식에서 시작했다면 이미 훌륭한 실천적 삶의 사례가 될 수 있다.

대학은 다양한 층위의 실천적 삶을 준비하는 곳이어야 한다. MIT 미디어랩 설립자인 제리 위스너가 30년 전 언급한 희망을 다시 한 번 인용하고자 한다.

위스너는 미디어랩에서의 새로운 과학 실험과 연구의 목적이 시장에서 각광받는 상품을 개발해 큰 수익을 창출하는 것에 있지 않다고 단호히 이야기했다. MIT 미디어랩은 인간의 삶을 더욱 안전하고, 건강하고, 공정하고, 생산적으로 만들기 위한 테크놀로지의 개발과 보급이라는, 한 차원 위의 실천적 가치에 기반을 두고 시작됐다. 과학기술의 비즈니스 모델 그 자체가 본연의 목적이 아니었다는 이야기다. 다만 실천적 정신의 진지한 연구에 당연히 따라온 성과였을 뿐이다. 30여 년이 지난 지금까지 MIT

미디어랩은 꾸준히 세상의 혁신을 이끌어 왔다.

대학은 이런 일을 해야 하는 곳이다. 젊은이들은 대학에서 이런 꿈을 이야기해야 한다. 그리고 함께 만들어 가야 한다.

일자리 창출과 인재양성의 뉴 노멀

|

〈현대자동차 사보〉, 2021. 2. 16.

제4차 산업혁명 시대의 기업은 대량생산과 소비 중심의 전통적 산업구조의 오랜 관성에서 벗어나, '책임 있는 혁신'의 뉴 노멀을 제시해야 한다. 미래 기업의 뉴 노멀을 함축적으로 요약한 개념이 'ESG Environment, Social, Governance'다. 여기에서 핵심어 중 하나인 'Social'은 테크놀로지 혁신을 통한 동반 성장, 사회 안전망 유지와 사회문제 해결, 그리고 기업 구성원의 행복 증대와 문화적 다양성 추구 등을 포괄하는 개념이다.

이제 기업은 생산성 향상을 통해 부가가치를 높여 가는 전통적 모델을 벗어나, 인간과 테크놀로지가 최적 조화를 이루어 인류의 미래를 함께 만들어 가는 뉴 노멀로서의 '사회적 가치'를 추구해야 한다.

이를 위해 우선 기업은 내부 구성원을 바라보는 관점의 뉴 노멀을 구체적으로 고민해야 한다. 이제 기업은 구성원을 생산수단이 아닌 기업활동의 목적 자체로 봐야 한다. 조직 구성원의 행복이 곧 조직의 지속가능성을 보장하는 필수요건이기 때문이다.

대학에서는 오래전부터 '교수 선발'이 아닌 '교수 초빙'이라는 말을 써왔다. 일부 대학은 학생의 '입학 관리'를 '인재 발굴'이라는 말로 바꿨다. 교수이건 학생이건 인재는 선발의 대상이 아니고 발굴과 초빙의 대상이기 때문이다. 특히 저출산으로 인한 인구절벽 시대에 들어서면서 기업은 곧 인재희귀 시대를 맞을 것이다. 전통적 생산조직의 상당 부분은 기계가 담당하지만, 기계의 한계를 넘어선 의미 있는 문제해결은 분명 인간의 창의성 영역이기 때문이다.

기업의 관점에서 인재를 찾고 키우는 전 과정은 결코 쉬운 일이 아니다. 그래서 기업과 대학이 인재 양성과 초빙의 파트너로 서로를 인정하고 협력하는 방식이 필요하다. 실리콘밸리의 신화가 유수의 테크 기업들과 스탠퍼드, 버클리 등 대학의 신뢰와 파트너십을 기반으로 이루어졌음을 우리는 잘 안다. 우리도 기업이 적극적으로 대학 캠퍼스 안으로 들어가 인재를 찾아내고, 양성하고, 나아가 초빙하는 방식을 적극적으로 모색해야 한다.

기업의 대규모 공개채용은 더 이상 가장 효율적인 인사전략이 아니다. 대신 젊고 잠재력 있는 젊은이들을 인턴으로 채용해서 서로 적응 기간을 갖고, 그중 필요한 인재들을 초빙해 바로 현업에 투입하는 것이 훨씬 더 효율적인 뉴 노멀이다. 기업이 대학 안에 계약학과를 만들고 대학과 협업해 인재를 양성하는 것은 한 단계 더 진보된 형태의 인재양성 산학협력 모델일 것이다.

이제 더 이상 기업이 만들어 낸 일자리의 산술적 수치로 사회에의 기여를 인정받는 시대가 아니다. 얼마나 더 다양하고 창의적인 일자리가 만들어졌는가, 또한 이것이 기업 구성원으로서의 행복과 사회 공동체의 더 나은 미래에 얼마나 기여했는가 하는 점이 더 중요하다. 이것이 곧 미래 기업의 사회적 가치, 혹은 책임 있는 혁신의 중심 아이디어가 되어야 한다.

덜 가르쳐도 더 잘 배우는 대학

|

아침을 열며, 〈한국일보〉, 2021. 4. 19.

대학에 입학은 했지만 여전히 캠퍼스에 발도 딛지 못하고 있는 20·21학번들을 온라인 강의실에서 만날 때는 마음이 애잔하다. 중·고등학교 시절 내내 내신 성적과 수능 예상문제와 씨름해 대학생이 된 이후에도 여전히 희망보다 걱정이 많은 대학생들을 바라보면 더욱 마음이 아리다.

남들보다 더 좋은 학점을 받고 스펙을 하나라도 더 쌓으려 노력하는 이들의 눈에 45%의 20대 청년실업률, 4년 새 평균 56% 오른 서울 아파트 시세, 2년 연속 출산율 최하위 국가의 현실은 어떻게 비칠까. 20대 청년들의 '나는 지금 무엇을 위해 어디로 뛰어가고 있는가' 하는 의구심과 정의가 무너진 사회에 대한 분노가 화학 작용해 표출된 것이 2021년 4월 7일 보궐선거의 20대 표심이었다.

또 한 번의 선거는 끝났다. 이제 우리 대학생들도 차분하게 자신이 뛰어가는 방향과 방법을 돌아봐야 할 때다. 동시에 대학도 벚꽃 지는 순서대로 문을 닫는다는 현실에 넋 놓을 때가 아니고,

꿈을 잃어 가는 다음 세대에게 어떤 구체적인 희망으로 다가설지 고민해야 한다.

대학은 지식을 만들어 내고 그 지식을 다음 세대에 전수해 세상으로 나가게 하는 곳이다. 그런데 그 지식이라는 것이 항상 그 모습 그대로 한자리에 있는 것이 아니다. 하버드대 새뮤얼 아브스만Samuel Arbesman 교수는 《지식의 반감기The Half-Life of Facts》에서 대학에서 강의하는 물리학 지식이 반 토막 나는 데 걸리는 시간이 13. 1년이라고 봤다. 경제학의 지식 반감기는 9. 4년, 수학은 9. 2년, 종교학은 8. 8년, 심리학과 역사학은 7. 1년이라고 한다.

교수가 강의실에서 열심히 가르친 지식 중 절반이 졸업 후 불과 몇 년 안에 무용지물無用之物이 될 수도 있다면, 우리는 대학교육의 현실적 효용성에 심각한 질문을 던지지 않을 수 없다.

대학은 다음 세대가 새로운 지식을 만드는 일을 자유롭게 연습하는 지식 놀이터가 되어야 한다. 그런 의미에서 대학은 10% 덜 가르치고 그 시간에 학생들이 다양한 경험을 할 기회를 주자는 이광형 카이스트 총장의 최근 제의에 크게 동감한다. 그러나 문제는 대학과 교수, 그리고 우리 학생들이 이런 시도를 할 준비가 되어 있지 않다는 데에 있다. 시간이 지나면 익숙해지려니 하고 마냥 기다릴 수는 없는데 말이다.

사실 이런 고민은 우리만의 문제가 아니었다. 1960년대 중반 스탠퍼드 공대의 젊은 교수 몇몇이 모여서 최고의 공학자들이 내놓은 연구 성과가 왜 사회에 크게 필요하지 않은 지식의 수준에 머무는가 하는 문제를 진지하게 토론했다. 그래서 공과대학 콤플렉스 한가운데 만들어진 것이 '스탠퍼드 디자인스쿨'이다. 이곳에서는 교수와 학생이 함께 모여 생각을 디자인하는 방법을 체험하고 실행한다. 아무리 독창적이려고 노력해도 한 사람의 생각에는 한계가 있다. 그래서 공감하기를 배우고, 협업을 통한 문제 해결과 실천의 방법을 배운다. 그리고 실패를 전제로 한 실험정신을 배운다.

여기에서 나온 모토가 디자인스쿨 로비에 크게 걸려 있다. "성공도 실패도 없다. 단지 도전만이 있다." "일을 하는 유일한 방법은 그냥 그 일을 하는 것이다." 실수와 실패를 두려워하지 않는 생각과 창의성의 실천적 훈련이 오늘날의 실리콘밸리 테크산업을 견인했다.

덜 가르치고 더 잘 배우게 하는 것이 스마트한 대학교육이다. 구글과 유튜브에 가면 웬만한 정보는 다 있다. 그러나 스스로 해결해야 할 문제를 찾고, 생각하고, 만들고, 실패하면 또다시 도전하면서 부단히 생각 근육을 키울 수 있는 배움과 실천의 놀이터는 유튜브가 제공할 수 없다. 대학이 마음먹고 노력하면 제일 잘할 수 있는 일이다.

이제는 대학 강의실을 열어야 하는 이유

|

아침을 열며, 〈한국일보〉, 2021. 8. 23.

대학의 가을학기 개강이 한 주 앞으로 다가왔지만, 강의실 문은 여전히 닫혀 있다. 코로나 이후 지난 1년 반을 백신 수급에 따른 집단면역 효과로 곧 대면 강의가 시작되리라는 기대감으로 견뎌 왔다. 그러나 델타 변이로 인해 확진자 수가 늘어났고, 정부의 4 단계 방역시책이 계속되고 있으니, 이번 학기에 강의실에서 학생 들을 만나리라는 기대는 이미 소원하다.

가을학기도 이렇게 지나가면 대학이 대면 강의를 만 2년간 쉬 는 셈이다. 부모 세대는 6 · 25전쟁 중에도 부산 임시 천막대학에 서 대학 공동체의 맥을 이어 국민에게 희망을 줬는데 말이다. 코 로나로 인한 반 토막 대학교육의 여파는 당장 다음 세대에게 주는 상실감 이외에도, 미래 국가경제에 매우 부정적인 영향을 끼칠 것이라는 한 경제학자의 견해도 있다.

현재의 대학 온라인 강의 시스템으로도 할 수 있는 것은 물론 많다. 잘 준비하면 대면 강의 못지않게 질 좋은 강의도 할 수 있 고 역동적인 토론과 협력 학습도 가능하다. 그러나 온라인 강의실이 결코 채워 주지 못하는 것이 있다.

대학에서 경제학, 물리학 혹은 미디어학을 탐구하는 목적은 그 분야의 세부지식을 얻는 데에만 있지 않다. 대학의 경제학, 물리학, 미디어학 공부의 궁극적인 목적은 그 분야의 '문화'를 깊고 균형 있게 이해하는 것이다. 어떤 역사적 조건이 경제, 물리, 미디어 분야의 새로운 지식을 만들었으며, 그 결과로 인류 역사는 어느 방향으로 진보하는지에 대한 통찰력 있는 이해가 바로 문화의 문제다.

문화는 일방향적 전수의 대상이 아니고 공유의 대상이다. 온라인 강의로 지식 전달은 가능하지만, 문화의 공유는 쉽지 않다. 문화의 공유는 교과서 학습으로 이루어지는 것이 아니고, 호흡이 긴 대화와 깊은 체험을 통해서만 가능하다.

며칠 전 한 학부생과 나눈 대화가 생각난다. 캠퍼스 정경이 아직도 낯설지만, 눈에 띈 세미나와 동아리 활동 포스터에서조차 자신의 미래에 대한 영감을 얻었다고 한다. 잠시 스쳐 지나간 선배의 한마디에서 지적인 자극을 받았다고 한다. 도서관 장서의 묵직한 무게감에서 지식에 대한 경외감을 느꼈다고 한다. 온라인 강의에서 얻지 못하는 캠퍼스 문화와 지식의 문화가 바로 그것이다. 단편적 지식 전달은 온라인으로도 가능하고 향후 보완도 가능하다. 그러나 문화의 상실은 곧 미래에 대한 비전과 통찰력의 총체적 상실을 의미한다.

의학 전문가들 사이에서도 집단면역은 비현실적이며, 이제 '코로나와 함께' 현명하게 사는 방법을 생각해야 할 때라는 의견이 대세다. 그래서 정부 방역정책에도 대전환이 필요하다고 주장한다. 변종 바이러스가 감염률은 높으나 치명률은 낮다는 연구결과가 이러한 주장을 뒷받침하는 근거라 한다.

최근 독일의 한 연구결과에 의하면, 잘 준비된 학교가 지역사회보다 코로나 감염으로부터 더 안전하다고 한다. 외국의 유수한 대학들은 가을학기 대면강의를 이미 준비하고 있다. 우리 대학들도 구성원의 백신 접종과 정기적 간이 진단키트 검사를 의무화하고, 손 세정제와 마스크 사용 등 방역수칙을 철저히 준수해 전염병 청정 캠퍼스 선포를 준비했으면 한다. 그래서 늦어도 2022년 봄학기에는 반드시 강의실을 활짝 열고 학생들을 맞이하기를 기대한다.

전염병을 두려워하지 않고 '함께 사는' 대학의 담대한 도전과 용기는 아카데미아의 문화 복원뿐 아니라, 우리 사회 다음 세대에 던지는 교훈으로서의 의미도 갖는다. 인류 역사는 스스로 역경을 극복하면서 진보한다는 교훈이 그것이다.

실력과 사랑으로 '어려운 문제' 해결하기

|

〈고대신문〉, 2021. 8. 24.

우리 사회에는 쉽게 풀리지 않는 '어려운 문제'들이 산적해 있다. 경제적 불평등, 취업난, 저출산과 고령화 사회, 에너지·환경·지구온난화, 국제사회 분쟁과 난민 문제, 팬데믹과 방역, 가짜뉴스와 인포데믹 등이 그것이다. 이들 문제의 탈출구가 과연 있기는 한 건가. 문제의 본질은 무엇이고 해결방안은 무엇인가.

대학은 지식을 전수하는 곳임과 동시에, 새로운 지식을 만드는 곳이다. 새로운 지식은 인류사회가 당면한 문제의 본질을 정확히 짚어 내고, 이에 대한 명쾌한 처방을 제시해야 한다. 그러나 이 작업이 늘 쉽지 않다. 대학의 엘리트들은 각자 전공영역의 관점에서 문제를 바라볼 뿐, 통합적 문제 해결에 미숙하다. 그 과정에 이해당사자들이 개입하여 초점을 흐려 놓기 일쑤다.

국제기구 혹은 정부가 문제해결사로 등장해 주기를 바라지만, 어떤 권력자도 결코 전지전능하지 않다. 그렇다면 인류의 희망은 어디에 있는가. 이 시대의 대학이 할 일은 구체적으로 무엇인가.

'어려운 문제'를 단칼에 해결할 수 있는 정답은 없다. 그러나 우리는 포기하지 않고 스마트한 방식으로 계속 도전해야 한다. 아담 카헤인Adam Kahane은 《통합의 리더십*Solving tough problems*》에서 우리가 세계 도처에서 만나는 가장 복잡하고 말썽 많은 문제들을 스마트하게 해결하는 과정에서 겪은 평생의 체험을 매우 생생하게 이야기한다. 단순한 문제해결 중재자가 아니고, 인류의 미래를 바라보는 철학자이자 선지자의 관점에서 통찰력 넘치는 이야기를 전개한다.

자유경쟁 시장과 환경 문제 사이에서 중요한 의사결정을 해야 하는 다국적 에너지 회사의 경우, 인종분리주의를 극복해 사회통합의 방향을 모색하는 남아프리카공화국과 스페인 북부 바스크의 사례, 경제위기와 폭력, 마약으로 찌든 중남미 국가의 갈등은 아마 1990년대 지구상에서 가장 어려운 문제들이었을 것이다. 카헤인은 이러한 어려운 문제를 해결하기 위해 조직학습이론에 기초한 시나리오 기법을 시도했다.

문제 당사자들이 워크숍에 모여 대화하고, 미래에 대한 새로운 비전을 함께 찾아내는 것이다. 함께 정보를 공유하고 의견을 교환하며 미래 국가, 기업, 조직의 시나리오를 만들고, 그것을 바탕으로 오래 묵은 갈등이나 분쟁을 해결하는 것은 매우 어려운 일이다. 그러나 기적은 현실에서 실제로 일어난다. 카헤인은 이러한 기적의 사례들을 매우 생동감 있게 설명한다.

카헤인은 후속편인 《포용의 리더십*Power and love*》의 서두를 마틴 루터 킹의 인용으로 시작한다. "사랑이 없는 힘은 무모하고 폭력적이며, 힘이 없는 사랑은 감성적이고 나약하다. … " 그렇다. 어려운 문제의 해결은 실력과 사랑의 황금 비율을 이룸으로써 비로소 가능하다. 이상을 추구함과 동시에 현실을 직시해야 하고, 이성적 지성과 함께 공감의 능력을 갖추어야 한다. 그래야 폭력과 좌절을 이겨내고, 어려운 문제를 풀어 갈 수 있다.

대학이 미래사회의 어려운 문제에 당면해 도전할 때, 우리는 집합지성의 실력, 그리고 인류에 대한 무한한 관용과 포용, 즉 사랑의 낙관주의에서 시작해야 한다. 그리고 차분하게 한 걸음씩 정진해야 한다.

대학의 비전과 역사적 평가

|

아침을 열며, 〈한국일보〉, 2021. 9. 13.

동아시아 끝자락의 작은 나라. 식민지 시대와 전쟁, 압제와 가난의 굴곡을 이겨 내며 여기까지 왔다. 산업화의 큰 산을 오르고 민주화의 협곡을 지나 지금까지 달려온 것만 해도 정말 장하다. 부모 세대는 정말 어려웠지만, 자식 세대만은 잘 자라고 잘 배워 이나라를 살려 보라는 자식 사랑과 교육열이 큰 힘이었다. 그래서 허름한 대학 강의실의 작은 책상에 쭈그리고 앉아 열심히 공부했고, 변변치 않은 시설의 도서관 자리도 불이 꺼질 때까지 지켰다.

어려웠던 시대에도 대학은 나름대로 제 역할을 했고, 대학이 키운 인재들이 이 나라를 여기까지 이끌어 왔다. 그래서 원조를 받는 나라에서 원조를 주는 나라로 성장했다. 우리 선박이 오대양을 누비고, 우리 자동차가 전 세계 대륙을 달리고, 우리 반도체 기술이 글로벌 시장에서 상종가를 치고, 우리가 만든 영화, 음악, 드라마가 세계인의 주목을 받는 시대에 우리는 살고 있다.

그런데 시대가 변했다. 근대 지식 패러다임이 대변혁기를 겪고 있다. 대학의 세부전공 중심 도메인 지식만으로는 더 이상 미래

사회의 어려운 문제들을 풀 수가 없다. 초연결 네트워크 사회는 의학과 데이터가 만나 전염병을 극복하고, 지구과학과 데이터가 결합해 환경문제를 해결하고, 자동차가 데이터를 만나 자율주행차를 만들어 내는 시대다. 이제는 대학이 도메인 전문지식들을 전방위 협업체계로 연결해 문제를 해결해 갈 수 있는, 이른바 'T형' 인재를 키워 내야 한다.

우리는 글로벌 일류기업 보유국이다. 글로벌 시장에서 인정받은 영화와 드라마, 음악 제작자의 보유국이기도 하다. 그러나 아직 세계 일류대학은 만들어 내지 못했다. 서구의 근대 대학 모델을 뒤늦게 따라간 우리 대학의 한계였다. 지식을 가르치고 전달하는 교육은 그런대로 잘했는데, 새로운 지식을 만드는 학습 훈련에는 부족한 것이 문제였다. 세계 일류대학 없이 글로벌 사회의 주인공이 되기는 요원하다. 세계 일류대학 없이 다음 세대의 미래도 없다.

지식의 대변혁기는 우리 대학에게 위기가 아닌 기회의 장이다. 대학은 초연결형 미래 지식을 만들어 내야 하고, 미래 인류를 이끌고 갈 도전적이고 창의적인 인재를 키워 내야 한다. 일본의 기시다 신임 총리는 올해 안에 정부와 민간이 협력해 10조 엔의 대학 펀드를 조성하고 이를 50년간 운용하겠다고 발표했다. 이 재원으로 매년 3천억 엔을 대학 기초연구력 강화, 미래 연구인력 양성, 연구시설 확충에 투입하겠다고 한다.

국가와 다음 세대에 대한 미래 비전이 매우 선명한 정책이다. 단기 실적과 보고서 만들기를 중시하는 우리 국가 R&D와는 차원을 달리하는 미래 투자다.

각 당의 대통령 선거 예비후보들이 연일 다양한 공약을 쏟아 내고 있지만, 유권자 중 18%에 이르는 20대 다음 세대와 이들을 키워 내는 대학의 미래에 대한 얘기는 거의 보이지 않는다. 젊은 세대에게 정부 보조금, 취업난과 주택 문제 해결방안만큼 중요한 일은 불확실성의 미래사회를 헤쳐 나갈 창의적 문제해결 능력의 날개를 달아 주는 것이다. 이것이 대학이 할 일이고, 정부와 기업이 적극 동참해야 할 일이다.

우리는 지금도 과거 국가지도자의 공과 과를 자주 이야기한다. 내년 3월 대통령 선거 결과보다 더 중요한 것은 20년 후 역사의 평가다. 지금이라도 정부와 대학이 함께 만든 창의성과 도전정신의 용암이 대학 담장을 넘어 사회에 흐르고, 인류에 선한 영향력을 끼치도록 하는 비전을 구체적으로 이야기해야 한다. 그리고 역사의 평가를 겸허하게 기다려야 한다.

어느 수험생 아빠의 회고

|

아침을 열며, 〈한국일보〉, 2021. 11. 22.

둘째가 수능시험 성적표를 받아 들었다. 생각보다 조금 부족한 점수에 의기소침했다. 수학 두 문제 틀린 것이 유감이었다. 그래도 사교육 없이 홈스쿨링한 아이의 아빠로서 무난한 성적으로 대학에 합격한 것이 무척 고마웠다. 그런데 고대했던 대학 합격 통지를 받은 날 저녁, 둘째의 표정은 그리 밝지 않았다. 일 년 더 준비해 수학 두 문제를 더 맞히고, 목표로 했던 대학에 가고 싶다고 했다. 나도 같이 고민했다. 오지선다형 수학 두 문제 정답을 찾는 데 소중한 일 년을 소비하는 것이 열여덟 꿈 많은 소녀에게 무슨 의미가 있나. 이제 대학에서 자유롭게 책도 읽고 친구도 만들며 미래의 꿈을 키우는 게 맞지 않나. 결국 둘째는 합격한 그 대학에 입학했다.

그런데 나름 소신 선택한 전공이 자신에게 잘 맞지 않음을 깨닫는 데는 많은 시간이 걸리지 않았다. 마침 그 대학에는 매우 유연한 전공학과 변경, 이른바 전과轉科제도가 있었다. 자신에게 잘 맞는 전공으로 바꾸고 나니 표정이 눈에 띄게 밝아졌다. 벌써 4

학년. 바로 사회에 나가는 것보다는 좀 더 깊은 공부를 하고 싶은 마음에 대학원 진학을 결심했다. 그리고 지금은 환한 얼굴로 이를 준비하고 있다.

둘째의 5년 전 경험을 새삼 회고한 이유는 지난주 수능을 치르고 이제 곧 성적표를 받아 볼 수험생과 학부모의 고민이 남의 일 같지 않아서다. 그렇다. 수학 두 문제는 인생에서 전혀 중요하지 않다. 소수점 자리로 전국 단위 순위를 결정해야 하는 제도의 결과물에 불과하다. 문제는 그 성적이 가이드라인이 되어 대학과 전공을 선택하게 하는 제도와 관행에 있다. 정말 무엇을 하고 싶은지에 대한 고민의 시간은 유보한 채 시험문제만 풀게 하는 고등학교 과정은 사실 어제오늘 문제가 아니다.

대학 입학은 새로운 출발점일 뿐, 결코 종착점이 아니다. 월드컵 축구경기 준비에 힘을 쏟다가 체력이 다 소진되거나 큰 부상을 당해 정작 경기를 제대로 못 한다면 그는 진정한 프로가 아니다. 입신양명을 위해 대학 입학 자체가 중요했던 시기가 있었다. 그런데 그건 고등학교 졸업자 중 10%가 대학에 입학했던 50년 전 '라떼'의 일이다. 고등학교 졸업자 중 75%가 대학에 진학하는 현재 시점에 대학 졸업장의 가치는 생각보다 크지 않다.

이미 생각 있는 기업들은 블라인드 전형으로 신입사원을 선발한다. 이른바 SKY대학 졸업장이 대기업 입사에 전혀 영향을 끼치지 않는다. 대학 졸업 후 20년이 되면 누구도 어느 대학 출신인가에 신경 쓰지 않는다.

대선 후보들은 100% 수능, 1년에 2회 수능시험 등 다양한 대학입학정책 공약을 내놓았다. 사회의 지배적 화두인 공정성이 특히 강조된 대선 공약에는 다음 세대의 행복에 대한 고민도, 미래 사회의 비전도 보이지 않는다. 교육부 폐지와 국가교육위원회의 권한 강화, 대학 규제 완화와 자율권 확대 공약 등은 오히려 설득력이 있다.

대학은 거대 근대교육 조직의 관성에서 벗어나 교육의 수혜자 관점에서 미래지향적이고 개방적인 고등교육을 설계해야 한다. 열여덟 나이에 선택한 전공이 대학 입학 후 자기에게 맞지 않는 옷임을 알게 되는 것은 극히 자연스럽다. 따라서 입학 후 전공 조정이 허락되도록 하는 유연함은 필수적이다.

문제는 대학 전공학과들의 높은 칸막이다. 근대사회 초기에 만들어진 세부 전공 칸막이는 융합적 문제해결을 요구하는 후기 근대사회의 고등교육 이상에 전혀 맞지 않는 모델이다. 21세기에 맞는 유연한 대학이 우리 대학생들에게 스스로 창의적으로 학습하고, 도전하고, 자신과 사회의 미래를 만들어 가는 기쁨을 찾아주기를 고대한다.

리버럴 아츠 칼리지, 넓고 깊게 생각하는 대학교육

|

아침을 열며, 〈한국일보〉, 2021. 12. 13.

미국 메릴랜드주 아나폴리스와 뉴멕시코주 산타페 두 곳에 캠퍼스를 갖고 있는 세인트존스 칼리지St. John's College는 학생들을 교실에서 강의로 가르치지 않는다. 대신 학생들은 그리스 철학, 중세 문학, 과학, 음악과 예술, 현대 정치와 경제 분야 고전 100권을 읽고 공부해야 졸업할 수 있다. 캠퍼스 곳곳에서 책을 끼고 다니며 읽고, 세미나실에서는 치열하게 토의한다. 소그룹 세미나에서 학생이 아무 이야기도 하지 않으면 바로 교수의 지적을 받고, 지나치게 말을 많이 해도 경고를 받는다. 서로의 다양한 생각과 의견을 경청하며 배워 가는 열린 토의가 이 대학 특유의 공부 방식이다.

학생들이 읽는 책의 리스트는 세인트존스 칼리지가 문을 연 1784년 이래 기본 골격을 그대로 유지하면서 부분적으로 업데이트되고 있다. 1학년은 라틴 고전으로 시작하고, 2학년 때는 중세 문헌을 읽는다. 3학년은 르네상스 이후, 4학년은 19세기 이후 인류의 지식 전통을 직접 읽는다. 유클리드의 《기하학》(1학년), 코

페르니쿠스의 《천체의 회전에 관하여》(2학년), 뉴턴의 《자연철학의 수학적 원리》(3학년), 다윈의 《종의 기원》(4학년) 등 현대 수학과 과학에 큰 영향을 끼친 고전들도 반드시 읽어야 한다.

세인트존스 칼리지가 교양 교육을 중시하는 미국의 리버럴 아츠 칼리지Liberal Arts College 중에도 상당히 극단적인 경우인 것은 맞지만, 대부분의 미국 대학의 학부 과정은 특정 전공지식의 전달보다 폭넓고 탄탄한 읽기와 생각하기 연습을 중시한다. 대형 명문 사립대학과 주립대학도 예외는 아니다.

지난주 대입수능시험 결과가 발표됐다. 성적표와 배치표를 오가는 수험생과 학부모의 눈이 바빠지는 시즌이 또 다가왔다. 최근 영국 BBC는 우리 수능이 전 세계에서 가장 까다로운 시험이지만 시대적 효용성에 대해서는 의문이라고 논평했다.

1994년 최초의 수능 설계책임자 중 한 명은 수능시험의 당초 목적이 수험생들을 촘촘히 줄 세우는 것이 결코 아니었다고 최근 한 인터뷰에서 토로했다. 그럼에도 수능은 가장 공정한 줄 세우기 방식이라는 이유만으로 합격자를 가려내는 절대 지표로 활용되고 있다.

우리 대학생들이 엄청난 양의 책을 깊이 읽고 열린 토의를 연습한 미국 엘리트들과 과연 제대로 경쟁할 수 있을까. 제 4차 산업혁명 시대에 대학생들은 데이터 과학을 필수적으로 공부해야 한다. 그러나 더 중요한 것은 데이터 과학 지식을 과연 어디에 활용할 것인가에 대한 문제의식, 그리고 고난도 AI 모델 설계를 위해 필요한 창의적 사고의 경험과 체화다. 이 대목에서 우리 대학생들이 고전 읽기를 통해 인간 탐구와 수학적 논리의 근원을 깊이 성찰한 경쟁국 대학생들과 과연 어깨를 나란히 할 수 있을까.

우리 대학생들을 너무 조급한 시선으로 바라보지 않았으면 한다. 수능 고득점 전략과 협소한 전공의 작은 렌즈만으로는 큰 세상을 볼 수 없다. 다음 세대에게 허리를 쭉 펴고 먼 곳을 바라보며 묵묵히 정진精進하는 여유, 그리고 자신의 그림을 그려 갈 충분한 여백을 제공해야 한다.

미국 리버럴 아츠 칼리지의 존재 목적은 단순히 보편적인 교양인을 키우는 데에 있지 않다. 이들 대학은 넓은 안목과 튼튼한 '생각 근육'을 갖춘 각 분야 전문 리더를 키우는 것을 목적으로 한다. 이는 인터넷 강의와 유튜브 정보가 대세인 이 시대에도 여전히 유효하다.

역사 속에서 실용성을 중시해 온 미국 대학들이 인류가 대변혁을 겪고 있는 21세기에도 여전히 넓게 읽고 깊이 생각하는 공부 방식을 적극 권장하는 이유가 무엇이지 잘 생각해 봐야 한다. 세계는 넓다. 그리고 다음 세대가 나갈 글로벌 아레나에는 강자들이 많다.

교육부가 손을 떼야 대학이 산다

|

아침을 열며, 〈한국일보〉, 2022. 1. 24.

소소하지만 확실한 행복, 이른바 '소확행' 대선 공약만이 난무할 뿐, 정작 더 중요한 국가 미래 비전에 대한 본격적 토의는 크게 위축되어 유감이다. 국가 미래를 위한 연구와 인재양성을 담당하는 대학 문제도 예외가 아니다. 입학 공정성을 높이기 위해 수시 전형 비율을 낮추고, 입시부정을 엄단하고, 수능시험 난이도를 낮추고, 코딩을 입시 과목으로 하자는 등 대학입시에 민감한 국민 정서를 좇아 규제 일변도의 소소한 나뭇잎 공약만을 이야기할 뿐, 나무 전체를 보지 않는다.

지금 세계 명문대학들은 글로벌 분쟁, 빈부 격차, 환경, 자원, 보건, IT를 통한 미래산업 창출 등 인류가 당면한 중요한 문제 해결을 위한 통섭統攝 연구와 교육경쟁에 진력하고 있다. 미국의 대표적인 혁신 연구기관인 MIT 미디어랩 창설자 제리 위스너는 젊은 연구자들이 테크놀로지를 통해 인류를 더욱 안전하고, 건강하고, 공정하고, 생산적으로 만들기 위한 '자유'를 제공하는 것이 미디어랩의 설립 목적이라고 했다.

그렇다. 대학의 도전정신은 자유를 먹고 산다. 숨쉬기 힘든 규제의 틀 속에서는 열정도 창의성도 기대하기 힘들다.

정부 교부금을 미끼로 대학의 입시제도, 등록금 책정, 학사제도까지 규제하는 교육부의 그늘에서 대학은 그 무엇도 새로이 시작할 수 없고, 성취할 수도 없다. 정부가 일방적으로 주도하는 R&D로는 불확실한 미래에 대비한 창의적 대안을 내놓기 힘들다. 특히 경상예산에 정부출연금 보조를 전혀 받지 않는 사립대학에도 획일적 규제의 덫을 씌우는 현실은 자유와 상상력의 원천봉쇄 수준이다. 대학을 교육부 산하기관으로 보는 국가에 미래는 없다.

그래서 2017년 출범한 국가교육회의에 대한 기대가 컸다. 그러나 지난 4년간 별다른 실적 없이, 공은 최근 입법 예고된 국가교육위원회에 넘어갔다. 그러나 위원회 구성이 대통령과 정당의 추천으로 이루어져 현실정치에서 자유롭지 못하고, 위원회의 권한 명시도 분명치 않아 희망을 걸기 힘들다.

독일 철학자 칼 야스퍼스가 100년 전 쓴《대학의 이념》(1923)의 대학의 자유에 대한 논증은 지금 다시 읽어 봐도 매우 시사적이다. 대학은 국가의 보호로 존재한다. 그러나 그것이 대학을 국가의 산하기관 혹은 규제 대상으로 본다는 의미는 결코 아니다.

국가는 대학에 관용을 베풀고 지원해야 한다. 대학은 독립 법인체로 운영되는 독자적 교육기관이다. 따라서 국가의 권력행사는 철저히 절제되어야 한다. 동시에 대학과 그 구성원은 자율적으로 대학의 본질에 대한 확고한 신념을 바탕으로 실천의 의지와 실적을 보여 줘야 한다.

대학에 대한 교육부의 일방적 규제는 합리화될 수 없다. 국가와 사회의 미래를 준비하는 대학의 책무성은 자율적 의사결정과 추진으로 이루어질 때 비로소 힘을 받는다. 그래서 교육부가 대학에서 규제의 손을 떼야 하고, 대학이 정부 주도가 아닌 민간 주도로 자신의 미래를 설계해야 한다. 국립과 사립, 수도권과 비수도권, 대형과 특화된 소형 대학들이 각자의 위상에서 자율성을 갖고 자신이 갈 길을 설계해야 한다.

정부의 재정 보조와 R&D 투자는 산업자원통상부, 과학기술정보통신부, 중소벤처기업부 등 산업 유관 정부부처가 직접 하면 된다. 교육부가 손을 떼면 더욱 미래지향적이고 상상력 넘치는 R&D가 가능하다.

대학구성원들도 대학에 주어진 소중한 자유를 지킬 준비가 되어 있는지 스스로 겸허하게 물어야 한다. 그리고 가멸찬 새 출발을 위해 신발 끈을 단단히 묶어야 한다. 후보들도, 그리고 대학인들도 대학이 자유를 잃으면 국가의 미래가 없다는 야스퍼스의 논지를 다시 음미해 보기를 권한다.

미래사회, 교육은 어디로 가야 할까

|

〈교육신문〉, 2022. 1. 24.

1971년 〈고대 교육대학원보〉로 시작한 〈교육신문〉이 〈웹진 교육신문〉으로 새로운 출발을 준비한다. 지난 반세기의 성과를 바탕으로 다음 50년을 열고 있는 〈웹진 교육신문〉의 도전은 어디에서 시작해야 할까.

첫째, 〈웹진 교육신문〉이 미래사회의 교육 '목적'에 대한 비판적이고 통찰력 넘치는 토의의 포럼이 되었으면 한다. 교육의 영어 표현인 'education'은 라틴어 'educare'에 어원을 둔다. 즉, 교육은 단순히 지식을 주입하는 것이 아니고 이끌어 내는 것이며, 또한 그 과정을 체계화하고 지도하는 것이라는 의미다. 개인의 잠재적 능력을 극대화하고, 이를 토대로 새로운 지식이 더 나은 사회로의 진보를 견인하는 것이 바로 교육의 목적이다.

인류 역사 속에서 가정과 공동체가 담당했던 교육은 중세 이후 학교라는 교육기관과 대학이라는 고등교육기관이 담당해 왔다. 르네상스와 산업혁명 이후 근대사회에 들어서면서 학교와 대학은 두 가지 선택지를 갖게 됐다. 첫째는 중세 이전부터 강조된 교양으로서의 교육이었고, 둘째는 분화된 근대사회가 요구하는 기능적 전문교육이었다. 두 가지 선택지 중 정답은 없다. 다만 이들이 추구하는 가장 중요한 가치가 인간의 '자유'의 확장에 있었음은 분명했다. 교육을 통해 개발된 지식이 인간을 자유롭게 하고, 그 자유가 인간의 창의성을 자극해 인류가 당면한 문제를 해결하도록 하는 것이 교육의 목적이었다.

흥미로운 점은 고전적 교육의 목적이 제4차 산업혁명 시대에도 여전히 유효하다는 것이다. 미래사회의 교육은 일상화된 디지털 테크놀로지와 데이터 환경하에서 개인의 잠재력을 새로운 방식으로 끊임없이 이끌어 내고, 그 과정과 결과 속에서 교양인으로서의 개인과 전문인으로서의 개인이 성장할 수 있도록 돕는 기능을 수행해야 한다.

그렇다면 이 시대의 교육은 데이터 과학에 대한 기능적 이해와 함께, 새로운 시대의 자유의 조건에 대한 철학적 성찰, 즉 교양의 영역도 담당해야 한다. 어떤 경우에도 교육은 사회를 포용하고 선한 영향력을 끼치는 것을 목적으로 한다.

둘째, 〈웹진 교육신문〉이 미래사회 교육을 위한 '제도'의 대안을 진지하게 토의하는 공간이 되었으면 한다. 동아시아 끝자락의 작은 나라가 식민지 시대와 전쟁, 압제와 가난의 굴곡을 이겨 내며, 산업화의 큰 산을 오르고 민주화의 협곡을 지나 지금까지 달려온 과정에서 자식 세대만은 잘 자라고 잘 배워 이 나라를 살려 보라는 자식 사랑과 교육열이 큰 힘이었다.

그래서 2부제 콩나물 교실과 허름한 대학 강의실의 작은 책상에 쪼그리고 앉아 모두들 열심히 공부했다. 어려웠던 시대에도 학교는 나름 제 역할을 했고, 우리 교육제도가 키운 인재들이 이 나라를 여기까지 이끌어 왔다. 그래서 원조를 받는 나라에서 원조를 주는 나라로 성장했다.

그런데 시대가 변했다. 근대 지식 패러다임이 대변혁기를 겪고 있기에, 교육도 대안적 제도를 찾아야 한다. 수능 수학, 수능 역사, 수능 물리, 그리고 대학의 세부전공 중심 도메인 지식만으로는 더 이상 미래사회의 어려운 문제들을 풀 수 없다. 고도로 분화된 20세기형 교육은 통합적 문제해결 능력을 요구하는 21세기에 더 이상 유효하지 않다.

특히 유치원에서 고등학교에 이르기까지 학교교육의 암묵적 목표가 대학 입학에만 정조준되어 있는 우리 교육 현실이 안타깝다. 1994년 시작된 대학입학 수학능력시험은 분절화된 학교 교육과정을 통합적 학습으로 유도하려는 시도였다. 그런데 이마저 대학입학 경쟁이라는 거대한 블랙홀에 빨려 들어가 성적 줄 세우기의 도구가 되어 안타깝다.

열정으로 가득 찬 수학, 물리, 역사 교실은 존재하지 않고, 수능수학, 수능역사, 수능물리만 있는 학교교육의 현실에서 교육의 목적은 크게 위축되었다. 대치동 사교육이 주도하는 수능 문제풀이 교육 현장에서 우리의 미래를 기대하기 힘들다.

미래사회를 위한 이상적인 교육제도는 '다양성'과 '자율성'을 전제로 한다. 그래서 공립학교도 필요하고, 색깔이 분명한 사립학교도 필요하고, 특수목적 학교도 필요하다. 대학 입학을 위한 교육도 필요하고, 산업 진입을 위한 교육도 필요하다. 전통적인 대학의 학부와 대학원 교육 이외에 산학중점 협력과정도 필요하고, 다양한 평생교육 과정도 필요하다. 국가가 제시하는 표준화된 제도와 교과과정에서 자유로운 실험적인 시도가 필요하다.

코로나 이후 일부 외국 학교에서는 출석부에 출석과 결석 이외에 '양해excuse'를 기록하기 시작했다고 한다. 교육은 더 이상 학교의 전유물이 아니며, 가정, 도서관 등 다양한 공간이 새로운 교육공간인 시대에 우리는 살고 있다. 그래서 미래 교육제도는 유연해야 한다. 그 유연성의 전제가 바로 다양성과 자율성이다.

셋째, 〈웹진 교육신문〉이 미래사회가 요구하는 교육 '방식'의 패러다임 변화를 주도해야 한다. 이미 우리는 일방향 교육 시대가 아닌 양방향 자율학습 시대에 살고 있다. 웬만한 고급 정보와 지식, 강의는 유튜브에 즐비하다. 이들 지식으로 우리 주위의 어려운 문제를 어떻게 해결하는가 하는 것이 훨씬 더 중요한 시대다. 모든 사람은 창의적 잠재력, 즉 '창의성'을 갖고 있다. 다만 스스로를 폐쇄적 고정관념, 협소한 관점, 그리고 제한된 지식의 함정에 가두기 때문에 창의적 자신감이 위축될 뿐이다. 이러한 제약에서 벗어나 문제의 핵심으로 바로 파고들어 가면 우리 주위의 어려운 문제들을 의외로 잘 해결할 수 있고, 교육의 가치가 빛을 발할 수 있다.

1960년대 미국 스탠퍼드 공대의 젊은 교수들이 격렬한 토론을 했다. 자신들이 실험실에서 만든 최고의 발명품이 왜 소비자에게 외면받는가. 정말 중요한 무엇을 빠뜨린 것이 아닌가. 소비자들이 정말 생각하고 원하는 것은 무엇인가. 그래서 소비자에 대한 현장관찰과 감정이입 훈련을 시작했다. 어려운 문제에 대한 철저히 귀납적인 접근이다.

일단 발견한 문제에 대한 무제한 토의로 문제의 핵심을 간결하게 정의한다. 정의된 문제의 해결방법을 아이디어화해서 실험실에서 프로토타입, 즉 시제품을 만들고, 그 결과가 만족스럽지 않으면 다시 앞선 감정이입 단계로 돌아간다. 이른바 '디자인 씽킹'이라고 불리는 고정관념과 편협한 관점, 제한된 지식을 뛰어넘는 창의적 아이디어 디자인 방법이다. 이는 공학뿐만 아니고 사회 시스템의 혁신 디자인에도 널리 적용되는 창의적 학습방식이다.

미래사회에 우리는 수없이 많은, 과거에 경험해 보지 못한, 어려운 문제들을 마주할 것이다. 기후와 환경, 의학과 보건, 경제와 일자리, 통일 그 이후, 복지와 교육, 기계와 인간의 조건 등 다양한 미래사회 문제 해결을 위해, 우리 교육은 문제 해결에 최적화된 미래사회 리더를 키워 내야 한다.

1905년 보성전문 설립자 이용익 선생은 인재양성을 통한 교육 구국을 위해 학교를 설립했다. 이 목적은 현재에도 그대로 유효하다. 그러나 인류 역사의 대변혁기에 인재양성의 방식도 변혁의 변곡점을 마주해야 한다. 우리 다음 세대가 국제사회와 정부, 민간기업, 벤처산업 현장, 그리고 일상의 공동체에서 다양한 문제 해결 능력을 갖게 하고 이로 인해 사회에 선한 영향력을 끼치는 것이 바로 교육의 목적이기 때문이다.

　미래사회 인류의 자유영역 확장이라는 교육목적에 대한 성찰, 시대에 맞는 유연한 교육제도의 제시, 그리고 창의적 문제 해결 중심의 교육방식으로의 대전환을 주도하는 담대한 도전을 〈웹진 교육신문〉이 이끌어 주었으면 한다.

대학의 규제를 없애야 미래가 열린다

|

아침을 열며, 〈한국일보〉, 2022. 3. 14.

권력은 유한하지만 국가는 무한하다. 새로 선출된 5년 단임제 대통령은 임기 내 국정과 아울러 국가와 민족의 무한 미래를 기획하고 설계하는 책무도 동시에 갖는다. 5년 후 평가보다 더 중요한 것이 20년 후 다음 세대의 평가임을 엄중히 받아들여야 한다.

미래세대를 위한 국가정책에서 가장 중요한 것이 교육이며, 그 중심에 대학이 있다. 2008년을 정점으로 줄어들기는 했지만, 여전히 고등학교 졸업생의 약 70%가 대학에 진학한다. 다음 세대가 가장 아름답고 왕성한 젊은 시절을 대학에서 어떻게 보내고 무엇을 배우고 무엇을 경험하는가에 따라 개인과 국가의 미래가 결정된다고 해도 과언이 아니다.

역사 속에서 대학의 책임은 다음 세대에게 지식을 전수하고 인재를 키워 사회를 견인하는 것이었다. 근대 유럽과 미국 대학은 근대적 교양인을 양성함과 동시에 산업혁명 이후 시대에 필요한 실용적 과학기술 지식을 습득한 인재를 키워 인류 사회의 진보에 기여했다. 제 4차 산업혁명과 디지털 대전환, 국제분쟁과 신냉

전, 기후변화와 에너지위기, 정치갈등과 경제위기 시대에도 대학의 책임은 같다. 다만 현재와 미래의 대학은 탈근대 사회의 새로운 사회문제를 새로운 방식으로 해결하는 탈근대적 문제해결형 인재를 키워 내야 한다는 점이 다르다.

이를 위해 우리 대학들은 근대적 관행의 산을 과감하게 넘어서고 관료주의적 규제의 강을 용기 있게 건너가야 한다. 대학이 먼저 길을 트고 나가야 희망의 미래사회가 열린다. 국가는 다음 세대를 위한 교육정책으로 대학의 담대한 도전을 도와줘야 한다.

국가도 대학도 이전과는 다른 대학의 소임을 생각해야 한다. 많이 가르쳐서 암기하게 하는 교육이 아니고, 조금 덜 가르쳐도 개개인의 창의성을 존중하고 키워 주는 교육이 필요하다. 교과서와 문제집의 정답을 말해야 좋은 성적을 받는 교육이 아니고, 자신만의 생각을 자유롭게 이야기하고 토론을 통해 결론을 찾아가는 교육이 필요하다.

학생들을 수능시험 성적으로 줄 세우지 않고 졸업 후 어떤 인재가 되었는가에 관심을 기울여야 한다. 교수는 논문뿐 아니라 연구기술의 사업화로 미래산업에 기여하거나 혹은 통찰력 있는 강의를 통해 다음 세대에 끼치는 영향력으로 인정받아야 한다.

근대 대학이 오래전 설정한 전통적인 전공 범주 속에 교수도 학생도 안주하는 대학은 더 이상 이상적인 대학이 아니다. 전공을 넘나드는 융합형 연구와 인재의 양성이 절실하다. 이를 위해 대학은 획일적 시스템으로 엄격한 학사원칙에 의해 돌아가는 조직이 아니고, 각기 특성 있는 시스템으로 유연하게 운영되는 조직이어야 한다. 그래서 늘 새로운 연구와 교육의 시도가 가능한 대학이 필요하다. 비슷비슷한 대학이 아니고 각각의 강점과 특성이 살아 있는 대학이 필요하다. 뭐든 교육부에 물어봐야 하는 대학이 아니고 스스로 알아서 잘하는 대학이 필요하다.

현재 가장 절실한 과제는 교육부 규제의 틀을 극복하는 것이다. 특히 정부 교부금을 받지 않는 사립대학에 대한 규제는 서로 다른 설립 목적과 교육철학을 갖는 사학의 창의성과 상상력을 결정적으로 저해한다.

자유라 불리는 산소를 먹고 사는 대학이 자율성을 잃으면 이는 더 이상 세계인의 자유정신으로 인류 미래를 개척하는 '유니버시티'가 아니다. 다음 세대는 새로운 대학에서 자유의 정신을 배우고, 그 자유 속에서 창의성과 상상력의 날개를 마음껏 펼쳐 나가야 한다.

이를 위해 규제의 틀을 혁파해 주는 것이 다음 세대의 미래, 20년 후 역사의 준엄한 평가를 생각하는 대통령이 할 일이고, 국가가 할 일이다. 대학을 살려야 국가의 무한 미래가 열린다.

대학의 수준이 국가 미래를 결정한다

|

아침을 열며, 〈한국일보〉, 2022. 4. 11.

서울대에 몇 명 보냈냐는 질문은 이제 그만해 달라는 편지를 학부모에게 보낸 중동고 이명학 교장의 용기 있는 외침이 화제다. 학교는 대입 사설학원이 아니다. 그래서 대학입학 성과가 고등학교 교육의 목적이 결코 될 수 없다. 더 중요한 것은 자신이 잘하는 것으로 사회에 기여하는, 건강하고 책임감 있는 시민을 키워 내는 것이다. 당연한 얘기지만 그동안 아무도 말하지 않았기에 이 교장의 편지에 대한 사회적 울림이 매우 컸다.

똑같은 이야기가 대학에도 그대로 적용된다. 우리 대학은 목적성을 상실한 무한 경쟁의 틀 속에 스스로를 가두어 놓고 있다. 해마다 이즈음 언론이 발표하는 정시입학 합격선 점수가 대학과 학과 순위를 결정한다. 따지고 보면 입학성적 순위는 대학이 노력한 성과도 아니고, 평판 시장에서 만든 숫자일 뿐인데 말이다. 대학을 경험하고 대학에서 학습한 인재들이 사회에 어떤 영향력을 끼쳤는가 하는 점이 평가되어야 하지만, 이 점에는 크게 신경 쓰지 않는다.

국내외 언론사와 평가기관이 주관하는 대학평가도 마찬가지다. 연구논문의 피인용 수보다 그 연구가 사회에 어떤 기여를 했는지가 더 중요한데, 여기에는 관심이 적다. 대학마다 나름의 비전을 제시하고 이를 강의실과 연구실에서 어떻게 실현할 것인가에 대해 치열한 아이디어와 실행의 경쟁을 해야 하는데, 획일적인 잣대의 순위 게임이 이를 무력화한다.

교육부의 대학혁신 사업도 사정은 같다. 대학혁신 사업의 주체가 되어야 하는 개별 대학의 특수성은 없고, 주어진 평가지표 달성을 입증하는 정답지만 있다. 대학들은 전담부서를 따로 두고 소모적인 평가대비 업무에 소중한 에너지를 써야 한다. 오죽하면 교육부가 손을 떼어야 대학이 산다는 이야기가 나올 정도다.

이제 대학 스스로 내부 혁신을 고민해야 한다. 특히 코로나 이후의 새로운 교육과 연구, 그리고 이를 통해 어떻게 사회에 선한 영향력을 끼칠 새로운 가치를 만들어 갈 것인가를 진지하게 성찰해야 한다. 미래사회가 요구하는 인재, 기술, 경제, 사회에 대한 새로운 가치를 진지하게 고민하고, 필요하면 재설정해야 한다. 그 가치를 중심으로 진취적이고 미래지향적인 경쟁의 판을 다시 디자인해야 한다.

최근 미국 하버드대는 코로나 이후 최적의 강의실을 다시 상상하고, 양질의 지식 콘텐츠를 만들고, 하버드 담장 넘어 사회 공동체로 학습 기회를 확장하는 방향의 혁신 보고서를 선보였다.

세계에서 가장 존경받는 대학 중 하나인 하버드가 미래 교육의 가치와 목적을 재설정하는 데 진심인 것은 대학이 사회에서 감당해야 하는 소중한 책무성 때문이다.

김도연 전 포스텍 총장은 최근 한 포럼에서 우리 대학이 앞으로도 계속해야 할 일, 이제는 중단해야 할 일, 그리고 새롭게 시작해야 할 일을 진정성 있게 고민해야 한다고 역설했다. 스스로 변하지 않는 대학에는 미래가 없다고도 했다. 삼성전자에 몇 명 들어갔는지 묻지 말고, 사회 혁신에 얼마나 기여했는지 물으라는 정도의 가열찬 혁신 의지가 대학에도 요구된다.

대학은 그냥 보통의 학교가 아니다. 국가 교육제도 아래 있는 학교의 한계를 넘어야 한다. 그래서 규제 탓만 해도 안 되고, 목적성을 상실한 경쟁 순위에만 안주해도 안 된다. 대학 스스로가 자유와 책임, 다양성과 포용의 정신으로, 인류와 사회의 미래를 밝히는 지식과 지혜의 보고이자 전수자로서의 사명감으로 사회를 견인해야 한다. 그 과정이 조금 불편하고 힘들어도 이겨 내야 한다.

대학의 비전과 대학인의 결기에 우리의 미래가 있다. 역사 속에서 대학은 국가와 사회의 미래를 만들어 왔다. 그리고 오늘의 우리 대학의 혁신 수준이 내일의 국가 수준을 결정한다.

반도체 인력 양성, 어떻게 할 것인가

|

아침을 열며, 〈한국일보〉, 2022. 7. 4.

지난 5월 방한한 바이든 미국 대통령의 첫 번째 일정이 평택의 삼성전자 반도체 파운드리(foundry: 위탁생산공장) 방문이었다. 과학기술 패권주의 시대의 지극히 실리적인 판단이었다. 윤석열 대통령의 반도체 사랑도 남다르다. 최근에는 미래 반도체 인력 양성을 위해 교육부의 특단의 노력을 촉구하면서, 이 문제를 해결하지 못하면 교육부의 존재 이유가 없다고까지 했다.

제4차 산업혁명 시대에는 반도체가 대세다. 반도체는 스마트폰, 자동차, 디스플레이, 조선, 화학, 에너지, 바이오, 우주항공 등 거의 모든 첨단 과학기술에 탑재되어 연산, 기억, 의사결정을 담당한다. 인체의 두뇌와도 같은 역할이다. 따라서 반도체가 없으면 미래산업도 없다. 이쯤 되니 대통령도 나서서 반도체 산업인력 양성의 중요성을 역설하는 것은 지당하다. 그렇다면 미래 반도체 인력 양성을 위해 구체적으로 무엇을 먼저 생각하고 실행할 것인가.

첫째, 미래 반도체 산업이 필요로 하는 인력상을 먼저 생각해 봐야 한다. 정부는 향후 10년간 필요한 반도체 인력을 최소 약 3만 명으로 예측하고 있는데, 이는 주로 기존의 메모리 반도체와 미래 먹거리인 비메모리 반도체 파운드리에서 일할 인력에 초점이 맞추어져 있는 듯하다.

그런데 반도체 산업의 부가가치는 대부분 반도체를 직접 생산하지 않고 설계만 전문적으로 하는 '팹리스fabrication + less'에 집중되어 있어, 해당 부문 고급인력 양성이 무엇보다 중요하다. 팹리스의 경우 미국이 글로벌 시장점유율 68%로 독보적 1위인데, 우리는 1% 수준에 머물러 있다. 퀄컴, 엔비디아 등의 팹리스 전문회사와 더불어 애플, 구글, 아마존, 테슬라 등 대부분의 빅테크들이 자체 시스템에 최적화된 비메모리 반도체 설계기술을 가지고 있을 정도로 팹리스는 미래 반도체 경쟁에서의 핵심가치다. 우리 반도체 산업은 지난 수십 년간 설계 부문의 중요성을 인식해왔음에도 공정에 집착하는 패턴을 보여 결국 적절한 기술 확보에 실패했고, 글로벌 최고 수준 대비 상당히 뒤처져 있는 것이 현실이다.

둘째, 다수의 공과대학 교수들은 우리 대학이 반도체 전공학과 신설을 위해 필수적인 적정 교수인력과 실습설비를 갖추지 못한 현실을 호소하고 있다. 이를 해결할 유일한 방법은 본격적인 산학협력뿐이다. 산업 전문가가 대학 전임교수로 동시에 일하는 '산학 공동임명joint-appointment' 제도를 전격 도입해야 한다. 반도체 파운드리를 대학교육 실습현장으로 공유하는 방안도 적극 검토해야 한다. 산업이 대학에 상생의 길을 열어 주고, 교육부가 대학에 대한 학사규제를 풀어 주면 방법은 얼마든지 있다.

셋째, 대학은 미래 반도체 인력 양성을 위해 최소 20년의 중장기 계획을 우선적으로 수립해야 한다. 반도체 공학에의 도전을 위한 필수 기초과학 분야인 수학, 화학, 물리의 심화이론 학습과 실험 시설을 위한 지원도 반드시 포함되어야 한다. 이를 기반으로 해야 반도체 설계와 비메모리 반도체 개발에 도전하는 고급인재 양성을 위한 긴 호흡의 도전이 가능하기 때문이다. 물론 단기적 인력 수급을 위한 정규 학위과정과 비전공자 대상 실무교육 중심의 마이크로 학위과정도 적극적으로 개발해야 한다. 카이스트는 이미 이를 시도하고 있다.

옆 나라 중국은 정부의 전폭적인 지원하에 우리를 맹추격하고 있다. 글로벌 반도체 전쟁에 임하면서 사립과 국립, 수도권과 비수도권 대학의 견제와 질시, 그리고 독점욕은 적전분열을 의미한다. 정부와 산업 그리고 대학이 한 몸이 되어 사즉생의 결단으로 임할 때만 비로소 승산이 있는 전쟁이다.

2부

언론, 바꿔야 산다

지난 10여 년 동안 미디어 테크놀로지는 획기적으로 바뀌었지만, 우리 언론은 전혀 바뀌지 않았다. 이제 더 이상 종이신문과 지상파방송의 시대가 아니라는 사실이 신문과 방송 종사자들에게는 큰 충격이지만 이를 겸허히 받아들일 수밖에 없다. 초등학생들은 스마트폰으로 게임을 하고, 대학생들은 스마트폰에서 학습정보를 얻는 시대다. 주부들은 스마트폰에서 유튜브 레시피를 찾고, 직장인들은 스마트폰으로 뉴스를 보고 주식투자도 한다. 어르신들이 유튜브 정치시사 채널에서 정보를 얻고 투표장으로 나간다. 고비용으로 만들어진 대중영화가 극장 대신 넷플릭스에서 개봉하는 시대에 우리는 살고 있다.

이 시대 미디어의 화두는 '신뢰'라고 불리는 사회적 자본의 급격한 추락이다. 게이트키핑 기능이 미약한 사이버 공간을 가로지르는 뉴스, 광고, 정보의 홍수가 우리를 혼란스럽게 한다. 그래서 전통적 신문과 방송의 역할은 오히려 더 중요하다. 누군가는 정확한 양질의 정보를 필터링해서 전해 주는 역할을 해야 하기 때문이다.

이러한 역할을 위해 전통적 신문과 방송은 종이와 전파가 아닌 웹과 앱을 넘어서서 VR, AR, 매타버스 공간으로의 과감한 진입을 주저하지 말아야 한다. 이제 경쟁의 판이 바뀌었으니, 망설임 없이 새로운 경쟁의 판에서 새로운 서비스로 고객을 만나야 하고 사회에 기여할 준비를 해야 한다. 이 과정에서 파괴적 혁신의 산고를 마다하지 않아야 한다. 그래서 스스로 높은 신뢰의 평판을 만들어 가야 한다.

〈나가수〉와 돌아온 386

중앙시평, 〈중앙일보〉, 2011. 12. 17.

2011년 한 해의 대중음악 판도를 이야기하면서 〈나는 가수다〉
(이하 〈나가수〉)를 빼고 넘어갈 수 없다. 〈나가수〉의 가장 큰 성
공요인은 잊혀 가던 라이브 대중음악의 화려한 부활이었다. 비주
얼이 아닌 가창력을 무기로 하는 최고 가수들의 진검승부를 몰입
과 긴장의 내러티브로 구성해 시청자들의 눈과 귀를 사로잡았다.
〈나가수〉에서 임재범이 열창한 〈너를 위해〉는 국민가요의 반열
에 오를 정도다.

　〈나가수〉를 모방한 상표 출원이 지난 6개월간 무려 93건에 이
르렀다. 이런 의미에서 〈나가수〉는 대중음악 지형을 넘어선 하
나의 사회현상이었다.

　〈나가수〉에 등장한 대중가요들의 면면을 살펴보면 1990년대
중반 이래 이른바 '386세대'라고 불린 지금의 40대 중심 대중문화
취향의 부활을 조심스레 감지할 수 있다.

　미디어학자 오원환의 분석에 따르면 지난 1년간 〈나가수〉에
등장한 대중가요 182곡 중 발라드가 50%였고, 이어서 포크·록

이 33%였다. 요즘 10대가 열광하는 댄스곡과 50대 이후 세대가 일반적으로 선호하는 트로트는 각각 11.0%, 5.5%에 불과했다. 이들 원곡의 발표 시기는 1980년대 34.6%, 1990년대 28.0%, 2000년대 21.4% 순이다. 원곡 발표 시점의 중간값은 대략 1991년이다. 지금은 40대를 훌쩍 넘은 중년의 386세대가 1980년대 이래 청년 시절 향유하던 대중음악 취향의 복고라고 볼 수 있다.

지난 수년간 지상파와 케이블TV 대중음악 프로그램들을 걸그룹 등 아이돌 스타들의 댄스곡이 주도해 온 것이 사실이다. 이에 비추어 볼 때 〈나가수〉의 선곡은 매우 주목할 만하다. 2000년대 이래 대중음악 시장을 주도한 것은 실상 방송사가 아니고 기획사였다. 이들 기획사가 주력한 대중음악 상품은 주로 아이돌 스타의 댄스곡이었다. 떠오르는 10대와 20대 대중음악 소비시장을 겨냥한 지극히 상식적인 기획이었다.

여기에 〈나가수〉의 등장은 지상파 방송사가 대중음악 시장의 주도권을 다시 회복하는 계기가 됐다. 그 든든한 후원자가 자신의 과거 취향을 다시 기억해 내고 자신의 선호를 분명한 목소리로 이야기하기 시작한 386세대다.

〈나가수〉의 등장과 '돌아온 386세대'의 관계를 자세히 들여다보면 대중음악을 중심으로 한 세대 간 문화정치의 지형을 넘어서 다가오는 2012년의 현실정치 풍향계까지도 감지할 수 있다. 지금은 40대 중년인 바로 그 386세대가 지난 10·26 서울시장 보궐

선거에서 자신의 의견을 강하게 개진해 선거결과에 결정적인 영향을 끼친 세대다. 당시 조사결과에 따르면, 40대 유권자의 투표율은 평균 투표율을 웃돌았다. 40대 투표자 3명 중 2명이 박원순 야권통합 시민후보를 지지했다고 한다. 20~30대와 50~60대 사이에 '낀' 세대인 지금의 40대 386세대가 동생들의 편에 섰고 그것이 곧바로 선거결과로 이어졌다. 사회에서 비교적 안정적 입지를 굳히고 있는 40대의 정치적 회군回軍이 없었다면 선거 결과는 달랐을 것이다.

이들은 1980년 중반에 거리의 민주화 열기를 체험했고, 88서울올림픽의 오륜기와 태극기 아래에서 애국가를 부르며 감격의 눈물을 흘린 바로 그 세대다. 1990년대 고도 경제성장 시대에 따뜻한 밥상의 혜택을 받은 세대다. 그러나 1990년대 말 외환위기와 국가부도의 찬바람을 온몸으로 체험하며 생존을 위한 치열한 경쟁을 겪어 온 바로 그 세대다. 2002년 여름 동생들과 함께 조금은 어울리지 않는 붉은 악마 티셔츠를 입고 거리에 나와 '대한민국'을 외치며 집합적 감정의 표현 의례儀禮를 경험한 그 세대다.

두 번의 정권교체를 경험하며 민주주의의 미래와 공정한 사회의 조건을 토론했던 그 세대다. 종이신문에 익숙하면서도 인터넷에서 〈나꼼수〉를 쉽게 내려받아 들을 줄 아는 세대다. 아이돌 그룹의 댄스곡이 좋긴 하지만 쉽게 따라 부를 수는 없다. 그보다는 〈나가수〉의 라이브음악에 더 쉽게 빠져드는 바로 그 세대다. 바로 그 386세대가 〈나가수〉의 대중음악과 현실정치에의 참여를 통해 자신의 취향과 의견을 정확하게 표현하기 시작했다.

돌아온 386세대의 〈나가수〉에 대한 몰입과 환호는 최고 가수와 최고 음악이 전달하는 '진정성'에 대한 반응이었다. 그만그만한 아류 음악들에 식상하고 만들어진 스타들의 립싱크를 혐오한다. 최고의 가수들이 눈물과 땀을 보이며 최고의 공연을 위해 노력하는 모습에 가슴속으로부터 큰 성원의 박수를 몰아 줬다.

정권교체가 반복되어도 여전히 계속되는 아류 정치인들의 진부한 정쟁政爭에 지쳐 시민후보의 손을 들어 줬다. 일단은 그쪽에서 더 큰 진정성의 희망을 봤기 때문이다. 2012년 총선과 대선 정국에도 이들의 선택은 같을 것으로 전망된다. 〈나가수〉를 보지 않는 정치인들을 빼고는 누구나 알고 있는 예견된 선택이다.

스마트 정치 시대, 과연 스마트한가

|

중앙시평, 〈중앙일보〉, 2011. 11. 5.

15세기 중반 구텐베르크의 금속활판 인쇄술 발명은 서구 문화사에서 가장 중요한 사건 중 하나였다. 소수의 성직자가 독점했던 성경이 대량으로 복제되어 보통 사람들이 읽게 됨으로써 종교개혁의 단초를 제공했다. 서지의 대량 보급은 르네상스 정신과 계몽주의의 확산을 불러왔다. 우리의 삶을 바꾼 매우 스마트한 테크놀로지였음이 사실이다.

그러나 종교개혁, 르네상스, 계몽사조에 결정적 영향을 끼쳐 유럽 근대사회의 기초가 된 것이 인쇄술 자체는 아니다. 그 안에 담긴 콘텐츠였다. 마르틴 루터의 '95개 항목 반박문'(1517년), 데시데리위스 에라스뮈스의 《우신예찬Encomium Moriae, 愚神禮讚》(1511년), 그리고 토머스 페인의 《상식Common sense》(1776년) 등이 바로 그것이다.

20세기 중반 이후 가장 주목받은 전자 테크놀로지인 텔레비전부터는 이야기가 조금 달라진다. 1976년 미국 대통령 선거에서 포드와 카터의 텔레비전 토론은 미디어 민주주의의 고전적 콘텐츠로 여전히 인구에 회자되고 있다. 1978년 시작된 드라마 시리즈 〈댈러스〉는 한 편의 드라마가 미국인은 물론 세계인의 일상 속에 연착륙한 콘텐츠의 대표적인 사례다.

그러나 텔레비전의 성공 요인이 개별 콘텐츠 자체라고만 볼 수는 없다. 레이먼드 윌리엄스는 콘텐츠들을 매우 스마트하게 얽어놓은 텔레비전 편성 '흐름flow'에 더 주목할 것을 제안했다. 시청자는 방송 편성자가 제공하는 편성 흐름에 자신의 눈과 귀를 모두 맡긴다. 그래서 텔레비전은 '바보상자'라는 별명을 얻게 됐다. 개별 콘텐츠보다 편성 흐름의 힘에 주목한다면 텔레비전 앞에 앉아 있는 우리의 모습이 결코 스마트해 보이지 않는다.

21세기 커뮤니케이션의 화두는 단연 '스마트 테크놀로지'다. 제3세대, 제4세대 통신 테크놀로지에 힘입은 스마트 시대는 우리 인간의 감각기관의 성능을 상상할 수 있는 최고치까지 끌어올렸다. 시간과 공간을 넘어선 네트워크의 효율성은 이제 우리의 일상이 됐다.

이미 스마트폰이 없는 일상은 상상하기조차 힘들다. 우리는 스마트 테크놀로지가 제공하는 새로운 '흐름'에 눈과 귀뿐만 아니라 몸 전체를 이미 맡기고 있는 셈이다.

그런데 바로 이 스마트 시대는 과연 스마트할까? 역시 문제는 콘텐츠다. 서가의 백과사전을 대체하고 있는 위키백과가 제공하는 콘텐츠가 지속가능성, 사회 내부에서의 합의성, 그리고 재생산성의 요건을 갖춘 의미 있는 지식체계라고 보기는 힘들다. 누구나 쉽게 검색 가능하기에 편하게 쓰고 있을 뿐이다. 단지 제한적 의미에서 지식의 가치를 가질 뿐이다.

스마트 시대 커뮤니케이션 매체의 대표주자는 단연 트위터다. 그런데 전달되는 용량의 제한으로 인해 완성도 높은 콘텐츠를 트위터를 통해 전달하는 것은 기술적으로 불가능하다. 실상 이를 위해 만들어진 매체도 아니다. 구성원들을 연결하고 공감의 효과를 유발하기에 적합한 매체일 뿐이다. 특히 스마트 시대를 주도하는 20~40대 세대가 공감을 바탕으로 자신들의 태도와 의견 군집을 형성하는 데 탁월한 능력을 가진 테크놀로지다.

스마트 시대의 대표선수 트위터의 저력은 지난 10·26 보궐선거에서도 여실히 드러났다. 모두가 예상했다시피 트위터를 중심으로 한 선거전에서 재미를 본 것은 야권통합 박원순 후보였다. 20~40대 유권자의 시선을 잡고 공감을 이끌어 내고 이들을 움직여 투표장으로 향하게 하는 데 분명히 중요한 역할을 했다. 이들 세대에 정서적으로 매우 와 닿는 매체라는 점도 사실이었다. 이러한 정치공학의 측면만 보면 트위터는 분명히 스마트했다.

그렇지만 트위터로 대표되는 스마트 테크놀로지가 우리 정치문화를 진정으로 스마트하게 이끌 수 있다고 생각되지는 않는다. 트위터라는 탁월한 정치공학의 기재가 우리 시선을 표피적 관심사에만 머물게 할 우려가 크기 때문이다. 오히려 후보자의 정책 콘텐츠에 대한 면밀한 검토와 숙의熟議에 이르는 길을 원초적으로 차단할 가능성도 있다. 트위터는 네거티브 캠페인에 유용하지만 정작 더 중요한 정책 검증에는 분명히 한계를 갖기 때문이다.

선거는 끝났다. 이제 트위터 방식의 스마트 정치공학은 잠시 잊었으면 한다. 스마트한 정치철학과 정책실행을 생각할 때다. 국민들도 이제 시선을 그쪽으로 돌려야 한다. 스마트 테크놀로지는 텔레비전 시대보다 훨씬 더 강력한 '흐름'의 테크놀로지임을 분명히 인식해야 한다. 국민의 눈과 귀는 물론 손과 발, 온몸까지 그 '흐름'에 볼모로 맡겨지는 것이 우려되기 때문이다.

스마트 정치 시대는 반드시 스마트한 것이 아니다. 스마트 정치 시대를 스마트하게 이끄는 진정한 힘은 테크놀로지 자체에서 나오는 것이 아니라 정치인이 제시하고 국민과 함께 실행하는 콘텐츠에서 나오는 것임을 기억해야 한다.

불법 도청과 공공의 선

|

중앙시평, 〈중앙일보〉, 2011. 7. 23.

해리는 의뢰인의 아내와 그녀의 애인이 공원과 길가에서 주고받은 조각 대화 내용을 첨단 도청기술과 탁월한 경험을 이용해 조합, 복원해 낸다. 그러던 중 도청 때문에 이들의 목숨이 위험에 처하게 되었음을 알게 되어 큰 충격에 빠진다. 한편 자신도 누군가에게 도청당하고 있는 것이 아닌가 하는 의심을 하게 된다. 그러나 최고의 도청전문가 해리도 자신의 집에서 도청의 증거를 발견해 내지는 못한다. 이야기의 말미에서 해리는 일과 양심 사이에서 갈등하며 회한悔恨의 눈물을 흘린다.

오래전 본 미국 영화감독 프랜시스 코폴라의 범죄 스릴러 〈컨버세이션The Conversation〉(1974) 이야기다. 진 해크먼이 주인공 해리의 분노와 좌절을 매우 애절하게 연기했던 것으로 기억한다.

영국 의회 청문회장에서 루퍼트 머독이 눈물을 흘렸는지는 분명하지 않다. '내 인생에서 가장 부끄러운 날'이라고 말했다고는 한다. 만약 머독이 눈물을 보였더라도 그 눈물의 성분이 영화 속 해리의 눈물과 같지는 않았을 것이다. 불법 도청을 직업으로 수행해야 하는 한 개인의 불안과 고통, 그리고 양심의 목소리로 적셔진 해리의 눈물이 머독의 눈가에서 보이지는 않은 것 같다.

미국이 당대의 '악惡의 축軸'으로 간주됐던 독일과 일본을 상대로 제2차 세계대전에서 승리한 중요한 요인 중 하나가 미군과 정보당국의 선진 통신감청 기술과 암호해독 능력이었음은 사실이다. 미국과 자유진영에서 동의한 '공공의 선善' 논리가 미군의 통신도청에 정당성을 부여했다.

1974년 미국 정계를 뒤흔든 '워터게이트 사건'을 기억해 보자. 당시 닉슨 행정부는 베트남전쟁 반대를 정쟁의 중심으로 몰아가는 민주당 선거운동본부가 자리 잡은 워터게이트호텔을 불법 도청했다. 닉슨은 미국의 국익을 위해 한 일이라는 변명조차 제대로 하지 못했다. 미국 국민은 불법 도청 자체가 미국 사회의 공공의 선에 결정적 위해危害를 가했다고 봤기 때문이다. 불법 도청이라는 비정상적 정보수집 수단이 가진 치명적인 도덕적 결함 때문이었다. 이러한 분위기를 간파한 닉슨은 정면돌파 대신 책임회피의 위기관리 전략을 택했다. 그러나 결과는 대통령 탄핵과 하야로 이어졌다. 이것이 바로 국민이 생각한 공공의 선이었다.

영국의 〈뉴스 오브 더 월드〉 기자들이 정치인의 개인 휴대전화를 상습적으로 불법 도청해 오다가 발각된 최근 사건의 파장은 매우 컸다. 세계 제2위 규모의 메가 미디어 그룹을 이끌어 온 머독이 두 손을 다 들었다.

불법 도청의 이유가 정치인의 사생활 엿보기를 즐기는 독자들의 눈을 끌기 위한 상업적 선정주의일 수도 있다. 정치권의 권력 투쟁 과정 내부에서 언론도 자신의 힘을 보여 주기 위해 '한 건件'이 필요했을 수도 있다. 혹은 국익을 위해 정치인들의 비밀스러운 대화를 들여다볼 필요가 있었다고 변명할 수도 있다. 그러나 모두가 궁색한 이야기다. 수단의 비윤리성으로 인해 이미 모든 목적의 정당성이 설 땅을 잃었기 때문이다.

정당과 정치인은 더 나은 정책을 실현시킴으로써 경쟁한다. 기업과 기업인은 더 나은 상품과 서비스를 제공하며 시장에서 경쟁한다. 언론과 기자는 독자의 '알 권리'의 시장에서 경쟁한다. 이른바 언론의 '특종特種' 경쟁이 그것이다. 그러나 모든 경쟁에는 정당한 방법과 수단만이 쓰여야 한다. 축구 경기 중 공에 손을 대거나 복싱 링에서 상대 선수의 뒤통수를 가격하면 레드카드를 받는다. 기자에게 불법 도청은 레드카드 대상이다. 명분과 이유가 무엇이든 개인의 은밀한 이야기를 불법적으로 엿듣고 이를 정치적 혹은 상업적으로 활용하는 행위는 사회적 포용의 범위를 넘기 때문이다. 직업인이기에 앞서 한 개인이 지켜야 할 사회적 윤리의 최저 기준점을 넘었기 때문이다.

벤담식의 공리주의 정의론과 자유주의 정의론에 한계가 있으며, 따라서 '공공의 선' 관점에서 정의론을 주장하는 마이클 샌델 교수의 이야기에 공감한다. 여기에 절차와 과정에서의 올바름과

정당함이 덧붙여져야 한다. 우리 언론도 공공의 선을 추구하기
위해 정당한 절차의 원칙을 준수하며 취재하고 보도해야 한다는
기본基本을 다시 한 번 생각해야 한다. 해리의 무력감과 죄책감으
로 범벅된 눈물이 우리 현실에서 재현돼서는 안 된다. 머독의 긴
한숨 소리도 우리 현실에서 재현되지 말아야 한다.

남영이 이야기

|

중앙시평, 〈중앙일보〉, 2011. 10. 15.

다큐멘터리 감독 오원환의 2009년 작품 〈루트리스Rootless〉에 '남영南英'이가 등장한다. 목숨을 걸고 북한을 탈출해 남한에 와서 새로운 삶의 뿌리를 내리려다 실패하고 결국 탈남脫南하여 영국으로 망명한 아이들의 이야기다.

아이들 삶의 굴절과 애환을 한 편의 다큐멘터리로 만들면서 아이들의 신상보호를 위해 실명을 사용하는 데 어려움이 있었다. 그래서 감독은 남한과 영국의 첫 글자를 따서 이들에게 남영이란 집합적 이름을 붙였다.

2003년 이후 최근까지 영국에 망명을 신청한 남영이의 수는 이미 1천 명을 넘어선 것으로 추산된다. 이들은 영국 국내법에 의해 망명 신청자로서 내무부 이민국의 보호를 받으며 난민자격 심사를 기다리게 된다. 심사를 무사히 통과하면 난민 비자를 받아 영국 내 정착이 허용된다. 그러나 이들이 남한을 경유한 것이 발각되면 난민 지위가 주어지지 않고 즉각 남한으로 송환된다. 난민 비자를 받은 남영이들 중에도 결국 마음을 바꿔 다시 남한으로 돌아온 경우가 꽤 있다고 한다. 이국땅 영국도 남영이들에게 포근한 삶의 터전이 되기 힘들어서였을 것이다.

사선死線을 넘어 남쪽의 또 다른 조국의 품으로 돌아온 아이들이 왜 다시 조국을 등질 수밖에 없었을까? 이들에게 남쪽의 조국은 과연 무엇이었을까? 이는 남영이에게 묻는 질문임과 동시에, 이들을 보듬어 안고 가야 할 필연적 운명과 책무를 지닌 남쪽 조국에 던지는 질문이기도 하다.

또한 우리가 과연 언젠가 한밤의 도적같이 찾아올지 모르는 통일한국 시대를 차분히 준비하고 있는가 하는 문제 제기이기도 하다. 이미 2만 3천 명이 넘는 것으로 추산되는 북한이탈주민이 남한에서 겪는 삶의 현장은 미래 통일한국 사회의 미니어처로서 중요한 의미를 갖기 때문이다.

통일부는 2009년 개정된 '북한이탈주민의 보호 및 정착에 관한 법률'을 통해 해외 장기체류자 보호범위 확대, 지역적응 교육, 청소년 학교 등의 지원 근거를 대폭 확대했다. 북한이탈주민에게는 정착금, 임대아파트와 주거지원금이 제공된다. 취업·의료는 물론, 연금 혜택도 주어진다. 대학 특례입학과 등록금 지원 제도도 시행되고 있다. 남한 사회 초기 적응을 위한 '물적 기반' 제공이라는 점에서 매우 적절한 지원들이었고 그 성과도 컸다고 생각한다.

이제는 북한이탈주민의 상처받은 영혼을 위로하고 치유하는 '정서적 기반' 조성을 위한 진단과 처방이 필요한 때다. 이들의 최저 생활요건 구축에서 한 걸음 더 나아가 이들의 최적 행복방정식을 찾는 방향으로 관심을 전환해야 한다. 사람이란 육체의 호흡뿐 아니라 영혼의 호흡으로 사는 존재이기에 당연히 그러하다.

남영이가 우리 사회에 먹을 것이 없어서 영국 망명을 결심한 것은 아니다. 이들이 기댈 만한 공감과 소통의 토대가 없어서였다. 바로 정서적 기반의 문제다. 이제 우리는 북한이탈주민들과 머리가 아닌 가슴의 대화를 연습해야 한다. 이들의 눈높이에서 눈을 마주치는 시선의 연습도 필요하다. 이들이 남쪽 조국에서 경험하는 불안요소들과 그 원인에 대한 치밀한 진단도 필요하다.

특히 문화와 가치관, 그리고 일상생활 영역에서 북한이탈주민과 남한주민 사이의 정서적 이격離隔 정도에 주목해야 한다. 일단 이들의 정서 상태를 먼저 파악해야 하고, 나아가 우리가 서로 얼마나 다른지를 인정하고 들어가야 한다는 것이다. 그다음에야 비로소 삶의 정서적 기반에 대한 본격적 논의가 가능하다.

이제 우리는 통일의 경제적 비용 계산에서 한 걸음 더 나아가 통일의 정서적 비용 계산을 본격적으로 시작할 때다. 이를 통일시대 '정서정책'이라고 불러도 좋겠다. 북한이탈주민에게 우리 방식의 문화와 가치관을 일방적으로 주입하려고 해서는 안 된다. 실효가 없을뿐더러 또 다른 남영이를 양산할 우려만 크기 때문이다. 이런 의미에서 지금 우리에게 필요한 것은 이들의 이야기를 차분히 경청하고 배려하는 스스로의 훈련이다. 이를 통해 이들과

의 정서적 간극을 점진적으로 좁혀 가는 방향으로 통일시대 정서
정책을 구상해야 한다.

　중국 정부가 최근 체포한 탈북자 20여 명을 강제 북송한다는
원칙을 확인했다고 한다. 안타까운 일이다. 정부는 당연히 제3
국 송환으로의 행로 선회를 위해 최선을 다해야 한다. 그리고 우
리 통일정책도 통일 이후 정서정책으로의 방향 선회를 적극 모색
해야 한다. 남영이 이야기가 우리 현대 역사의 대표적인 비극 서
사로 자리 잡는 것은 막아야 한다는 생각에서 드리는 제언이다.

집단지성의 빛과 그림자

|

중앙시평, 〈중앙일보〉, 2011. 9. 24.

다양한 가치관과 지식을 가진 보통의 시민들이 자유롭게 개진하는 독립적인 생각과 의견이 합리적이고 상식적인 방식으로 통합된다면 이는 의미 있는 사회적 자산資産이 될 수 있다. 영국의 저술가 피터 러셀은 이를 '집단지성collective intelligence'이라고 불렀다. 프랑스의 미디어학자 피에르 레비도 최근 그의 저술에서 특히 사이버 공간에서의 집단지성의 핑크빛 시나리오를 제시한 바 있다.

요즈음 우리 사회에서 집단지성의 중요한 매개체로 주목받는 것이 페이스북·트위터 등 이른바 소셜네트워크서비스SNS다. 언론의 여론조사도 실상은 보통 시민의 집단지성을 통해 사회의 미래를 진단하고 예측한다는 가정에 기반한다. 힘 있는 소수에 의한 지식과 의견의 생산·유통 독점을 견제하고 다수의 보통 시민이 그 과정에 직접 개입할 수 있다는 것은 그 자체로서 충분히 매력적이다. 법원의 배심원 제도가 갖는 매력도 같은 것이다. 지식과 의견의 독점이 곧 권력의 독주로 이어질 수 있기에 이에 대한 대안으로 집단지성의 가치는 분명히 크다.

그러나 우리 사회에서의 집단지성의 실체에 대해서는 몇 가지 의문이 든다. 먼저 우리 사회의 보통 시민들이 가진 가치관과 지식의 '다양성'에 대한 의문이다. 유감스럽게도 보통 시민들의 정치적 인지 지도는 우파 보수와 좌파 진보의 대결로 지나치게 단순화되어 있다. 아군이 아니면 모두가 적군이다. 따라서 합리적 대화와 토론이 설 땅이 없다.

이러한 이분법적 대립 구도의 가장 큰 원인은 건국 이후 분단 현실의 역사일 것이다. 여기에 현실정치인, 지식인, 학교교육, 그리고 언론도 한몫하고 있다.

보통 시민들이 지식과 의견의 '독립성'을 견지하기 힘든 것 또한 문제다. 내 생각이 분명치 않으니 옆 사람 생각에 휩쓸리는 것이 당연하다. 손쉽게 눈길이 가는 곳이 당연히 페이스북과 트위터다. 그리고 언론의 대선 후보 가상 여론조사 결과다. 아직 일 년 반이나 남은 대선 후보 가상 여론조사 기사가 흥행에 성공한 이유도 여기에 있다. 최근 언론 여론조사에서 유력 대선 후보자군에 항상 들어 있는 안철수 원장 본인은 정작 출마 의지를 명쾌하게 밝힌 적조차 없다. 집단지성을 전제로 한 정치 여론조사 결과가 실제로는 '나가수'식 인기투표 결과와 동가同價로 우리 사회에 유통되고 있다.

사회의 지식과 의견을 '통합'하는 방식도 전혀 상식적이지 않고 합리적이지 않다. 몇몇 '파워 트위터러'가 확산시키는 정보와 생각은 검증되지 않은 채 사회에 유통된다. 국민 모두가 파워 트위터가 될 수는 없다. 그래서 트위터를 통한 생각의 유통도 늘 일방향적이다. 언론의 여론조사가 언급하는 표집오차는 무작위 표본추출 원칙 준수와 비非표집오차 극소화라는 지극히 상식적인 전제하에서 비로소 의미 있는 숫자가 된다. 그럼에도 불구하고 상식을 무시한 숫자의 유령들이 집단지성의 이름으로 포장되어 춤사위를 추고 있다.

집단지성의 전면에서 우리는 분명히 희망의 빛을 본다. 자유로운 대화와 생각의 공유라는 섬광閃光이 바로 그것이다. 그러나 집단지성의 배면에는 어두운 그림자가 또한 드리워져 있음을 직시해야 한다. 월드컵 8강전에 출전할 대표팀 베스트 일레븐을 결정하는 것은 감독 고유의 권한이다. 경기 한 시간 전 여론조사, 인기투표, 트위터 등을 통한 집단지성의 힘에 기대어 출전 선수를 결정하는 것은 상상할 수 없다. 우리 팀과 상대 팀 전력에 관한 한 최고의 전문가 지성을 가진 감독에게 절대 권한을 주는 것이 현명하기 때문이다. 물론 책임이 따른다는 전제를 바탕으로 한다.

그런데 우리 사회 각 분야에서 큰 몫을 해줘야 할 전문가 지성이 갖가지 이름의 집단지성의 그림자에 가려 제 역할을 하지 못한다면 이는 분명히 문제다.

전문가 지성에 주어진 책무성이 강조되어야 함은 너무나도 당연하다. 전문가 지성에는 도덕적 결함이 없어야 한다. 사심邪心의 개입이 없어야 한다. 더 중요한 것은 전문가 지성의 능력과 비전이다. 때로는 무능력이 비도덕성보다 더 무서운 결과를 초래하기 때문이다. 전기 부족량을 제대로 계산하지 못하는 한국전력거래소 책임자, 저축은행 파산사태를 바라보고만 있는 금감원 책임자의 무능력에 국민은 더욱 분노한다. 그래서 국민은 또 한 번 집단지성의 빛에 눈을 돌리게 된다. 그리고 또 한 번 실망하게 된다. 집단지성의 빛과 그림자의 악순환이 우리 사회에서 어김없이 되풀이되고 있음이 유감이다.

신라인의 독도, 그리고 서역인

|

중앙시평, 〈중앙일보〉, 2011. 8. 13.

일본 자민당 의원 3명이 김포공항을 떠났지만 여전히 국민의 우려의 시선은 동해의 고도孤島인 독도에 머물고 있다. 세계지도 중 '독도' 단독 표기는 3.9%에 불과하고, 대한민국의 영유권이 표기된 경우는 단 1.5%라고 한다. 전 세계가 다 아니라고 하는 와중에도 사진 한 장 찍기 위해 독도로 달려가는 정치인을 국민은 바라보고 있다. 실력은 쌓지 않고 스펙에만 신경 쓰는 수험생들을 보는 것 같다.

7세기 말 신라의 한 왕은 죽어서도 한 마리의 용이 돼 왜구로부터 나라를 지키겠다며 동해에 수장水葬해 달라고 유언했다. 그래서 그가 묻힌 곳이 경주 감포 앞바다의 문무대왕릉이다. 그의 아들 신문왕이 문무대왕의 명복을 기리고자 지은 사찰이 감은사感恩寺다. 지금은 쌍탑과 절터만 덜렁 남아 있다. 역사학자들에 따르면 감포 앞바다의 문무대왕릉에서 감은사지까지 용이 자유롭게 드나들며 작전을 수행할 수 있도록 수로가 설계됐을 가능성이 크다고 한다.

신라의 통치자는 조국을 지키고자 하는 강렬한 소원과 의지, 분명한 전략을 갖고 있었던 것으로 추정된다. 더 이상 확인하기는 힘들지만 그 자체로서 매우 교훈적이다. 지금 우리에게 결여된 것이 바로 이 전략이기에 더욱 그러하다.

감은사지에서 불국사를 거쳐 울산 쪽으로 가는 길에 괘릉掛陵이 있다. 괘릉은 감은사 축조 약 100년 후대 왕인 원성왕이 묻힌 곳으로 추정된다. 괘릉 입구에는 서역인의 얼굴을 하고 서역의 의상을 갖춘 무인 조각상이 즐비하게 늘어서 있다. 당시 당나라를 경유해 바닷길을 거쳐 신라 경주까지 진출했던 서역인은 신라 지배층과 밀접하게 교류했던 것으로 추정된다. 실제로 이들 중 일부는 신라인과 혼인해 이 땅에 영원히 살게 된다.

왜구의 침략에 시달리며 전의를 불사르던 바로 그 시절에 신라는 다문화사회를 또한 경험하고 있었음이 흥미롭다. 1,200년 전 신라인들은 다문화사회에 어떻게 적응해 갔을까?

독도 분쟁이 매우 명시적인 국제정치의 문제라면 오늘날 우리 사회가 본격적인 다문화사회로 진입하면서 당면해 있는 민족·인종·종교·영토 분쟁은 잠재적이지만 매우 파괴력 있는 문화정치의 문제다. 지난달 노르웨이 사상 최악의 연쇄 테러사건을 기억해 보자. 이는 한 개인의 극단적 과대망상과 사회에 대한 증오심이 부른 매우 비극적인 사건이었다. 그러나 이 사건의 분명한 교훈은 '톨레랑스tolerance'(관용)의 한계에 부딪힌 다문화사회의 문제다.

2009년 현재 국내 거주 외국인 수는 약 110만 명에 이른다. 이는 전해에 비해 약 24% 늘어난 수치로, 국내 총인구의 약 2% 이상에 해당한다. 이들 중 절반 이상인 약 57만 명(약 52%)은 외국인 근로자이며 약 12만 명(약 11%)이 국제결혼 이민자다. 그 밖에 상사주재원이 약 9%, 유학생이 약 7%, 외국인 자녀들이 약 10%에 이른다. 2011년 현재 우리 사회의 다문화가정 수는 약 15만 가구에 이른다. 이들 다문화가정의 자녀 세대까지 포함하면 최소한 약 20만 명 이상의 다문화가정 구성원이 우리 사회에 살고 있다.

이제 '우리끼리' 모여 사는 단일민족 중심주의, 순수 혈통주의를 더 이상 강조해서는 안 된다. 조선 후기까지 지속된 소중화小中華 중심주의적인 폐쇄적 민족주의의 편협한 세계관은 일제 식민 시대, 전쟁과 복구의 시대, 경제발전 시대를 거치면서 과도한 순혈주의, 배타적 민족주의의 모습으로 구체화되었음을 인정해야 한다. 이러한 전통이 문화진화론에 기반한 타민족에 대한 이중적 태도와 사회 관습으로 이어졌음이 우려된다. 이러한 징후들이 각급 학교의 교과서, 미디어, 그리고 우리의 일상생활에서도 매우 자주 눈에 띄는 것이 걱정이다.

폐쇄적 민족주의는 이제 다문화주의가 추구하는 '정치적 올바름political correctness'에 의해 교정돼야 한다. 어렵게 자리 잡아 가는 다문화주의 공동체의 이상이 독도 분쟁으로 인해 다시 한 번 극단적인 자민족 중심주의의 반격에 상처받지 않을까 우려된다. 지금은 독도를 사진 관광의 행선지로 삼을 때가 아니다. 국제정치의 영역에서 우리 국토인 독도를 지키는 치밀한 전략은 반드시 필요하다. 동시에 우리 국토 내에서 다문화 인종·언어·종교가 '올바른' 조화를 이룰 수 있는 전략을 이야기할 때다. 신라인의 지혜에 문제의 답이 있지 않을까 생각된다.

〈자전거 도둑〉 2011

|

중앙시평, 〈중앙일보〉, 2011. 5. 21.

제 2차 세계대전 직후 로마는 물질적·정신적으로 극심한 황폐를 경험했다. 고대제국 시절의 찬란한 영광과 당당함은 전혀 찾아볼 수 없었다. 거리의 민심은 매우 각박했고 살벌하기조차 했다. 하루하루 먹을거리 해결을 위해 쏟아져 나온 시민들이 대로에 넘쳐났다. 안토니오도 가족들을 위해 일감을 찾아 나섰다. 간신히 벽보 붙이는 일을 구했다. 이를 위해 안토니오에게 꼭 필요한 것은 자전거 한 대였다. 아내 마리아는 남편의 자전거를 구하기 위해 소중히 간직했던 새 침대시트를 전당포에 맡긴다.

　희망찬 첫 출근 아침, 안토니오는 자전거를 도둑맞게 된다. 안토니오와 어린 아들 브루노는 도둑맞은 자전거를 되찾기 위해 하루 종일 시내를 헤맨다. 가까운 친구도 큰 도움이 되지 못한다. 교회도 힘이 되지 못한다. 경찰 공권력도 안토니오의 도둑맞은 자전거에 무관심하다. 우여곡절 끝에 자전거 도둑을 찾아내지만 잃어버린 자전거를 돌려받기에는 역부족이었다. 좌절과 분노에 싸인 안토니오의 눈을 사로잡은 것이 길가에 세워진 자전거였다.

안토니오는 결국 그 자전거를 훔치게 된다. 현장에서 바로 잡힌 안토니오와 브루노는 눈앞의 현실에 망연자실한다. 간신히 풀려나 브루노의 손을 잡고 돌아오는 안토니오의 눈에서는 눈물이 한없이 흐른다. 1948년 극장에 나온 이탈리아 네오리얼리즘 영화, 비토리오 데 시카 감독의 〈자전거 도둑〉 이야기다.

정부가 아무 문제없다고 단언했던 부산저축은행이 결국 영업 정지된 뒤 지금까지 밝혀진 이야기들은 매우 충격적이다. 영업정지 바로 전날 밤까지 이른바 VIP들은 모두 자신의 예금을 인출해 갔다. 금융감독원 직원들이 너그러운 감독의 대가로 뇌물을 받은 정황도 드러났다. 전직 금융감독원 출신이 부산저축은행을 포함한 금융권 곳곳에 포진해 제대로 된 금융권 감독을 원천적으로 봉쇄해 왔다고 한다. 순진하기 그지없었던 보통의 개인들이 은행과 정부를 믿다가 소중한 재산을 도둑맞은 것이다.

대통령이 직접 금융감독원을 방문해 질타했고, 검찰이 법적 책임 소재를 캐고 있다. 정부는 금융감독 시스템의 근본적 개선방안을 모색하고 있다. 그럼에도 불구하고 저축은행 금융 피해자들은 물론 보통의 국민도 사태를 수습하겠다는 당국의 진정성에 믿음을 주고 있지 않다. 이 대목에서 자전거 도둑을 찾다가 실패한 뒤 자신이 자전거 도둑이 되고 만 안토니오의 희망 잃은 눈빛이 중첩돼 연상된다.

국제 과학비즈니스벨트와 한국토지주택공사LH 이전지역 선정

등과 관련해 지역 간 갈등의 조짐이 확산되고 있다. 국무총리까지 직접 나서 이야기했다. 특정 지역이 선정에서 희생된 것은 매우 유감이지만 국가 전체의 미래를 위해 이해해 달라고 한다. 사실 해당 지역 주민들이 특정 정부사업을 유치해 달라고 먼저 이야기한 것도 아니다. 선거철 정치인들이 한 이야기들이었을 뿐이다. 지역 주민들은 전후 사정도 파악하지 못한 채 약속된 선물에 대해 큰 기대를 가졌을 뿐이다. 그러나 일단 기대가 무너졌을 때는 좌절이 클 수밖에 없었다. 그 좌절이 지금은 분노의 수준으로 발전되고 있다.

이에 대한 정당과 정치인들의 반응 또한 가관이다. 사업을 유치하는 데 실패한 지역의 단체장·국회의원들은 여당·야당 할 것 없이 모두 몰려나와 목소리를 높이고 있다. 그런데 그 진정성이 또한 의심스럽다. 지역과 주민들을 위한 순수한 열정이라고 믿기 힘들기 때문이다. 아니나 다를까 다음 총선은 일 년 앞으로 다가와 있다. 북 치고 장구 치는 정치권 거대구조의 장단을 배경음악으로 영화 속의 아들 브루노의 눈물이 또한 오버랩된다.

정부·입법부·사법부는 헌법이 규정한 국가 통치기구다. 국민이 위탁한 통치기구이기도 하다. 통치기구가 통치 능력을 잃을 때 국민의 기본 권익은 사각死角에 놓이게 된다. 당장의 물질적 손실 못지않게 큰 것이 국민의 정신적 황폐로 인한 국가 손실이다. 일단 상실된 믿음이 회복되기 위해서는 긴 시간이 필요할 것 같다. 국민은 지금 영화 속 로마의 거대하지만 한없이 무심한 콘크리트 벽들의 높이를 피부로 느끼고 있다.

비토리오 데 시카의 영화가 2011년 이 시점 우리 극장가에서 재개봉 혹은 리메이크된다면 흥행에 큰 문제가 없을 것 같다. 영화 수입사·제작사들이 심각하게 고려해 봐야 할 일이다. 브루노보다 더 큰 좌절을 경험한 저축은행 피해자들의 눈물이 보이기 때문이다. 안토니오보다 더 큰 분노를 경험한 지역사회 주민들의 외침이 들리기 때문이다.

다시 기다리는 〈모래시계〉 신화

|

매경시평, 〈매일경제〉, 2013. 7. 28.

1995년 방송된 〈모래시계〉는 우리 현대사의 질곡桎梏을 섬세하게 담아낸 최고의 TV 드라마였다. 고현정, 최민수, 박상원이 뿜어낸 강렬한 눈빛들을 아직도 잊을 수 없다. 그 속에 담긴 시대적 정서에 우리 모두 크게 공감했기 때문이다. 이런 점에서 〈모래시계〉는 단순한 대중문화 상품을 넘어 소중한 문화유산 반열에 오르기에도 부족함이 없는 수작이었다.

〈모래시계〉 연출자 김종학 PD가 쓸쓸하게 떠난 모습을 바라보는 마음이 매우 아프다. 대작大作에 지나치게 집착하다 실패한 흥행 승부사의 말로라고 보는 시각은 너무 편협해 보인다. 절대 편성권을 독과점한 방송사와 외주제작사의 불공정 계약구조가 문제의 핵심이라는 것을 부인하기 힘들기 때문이다.

외주제작사는 부족한 제작비를 스스로 간접광고와 국외 마케팅을 통해 충당해야 한다. 이것이 여의치 않으면 두 손을 들 수밖에 없다. 개인 김종학은 단 한 번의 실패도 용인하지 않는 냉혹한 구조의 희생자였다.

우리 문화산업 내부의 불공정 구조와 관행이 비단 TV 드라마 사례에만 해당되는 것은 아니다. 최근 공정위는 대형 연예기획사 SM이 아이돌 그룹 JYJ의 방송 출연과 음원·음반 유통을 방해했다고 보고 시정명령을 내렸다. 대형 기획사 SM의 독점적 지위에 의해 강요된 13년 장기 전속계약과 불공정 수익분배에 문제를 제기한 JYJ가 방송 출연 등 제약을 받는 것은 부당하다는 것이 공정위 판단이었다.

대형 포털의 시장 독과점과 과도한 시장 지배력 문제도 최근 미디어산업계에 뜨거운 이슈로 떠올랐다. 중소 인터넷사업자 대표들은 대형 포털들의 문어발식 골목상권 확장으로 인한 산업 침체 염려를 토로하며 독과점 규제의 필요성을 호소하고 있다. 한편으론 NHN과 같은 대형 포털에 대한 규제는 전체 시장 파이 크기 확대에 저해 요인이 될 수 있으므로 최소 범위 규제에 그쳐야 한다는 반론도 제기되고 있다.

공통 화두話頭는 문화산업에서 경쟁과 독과점 그리고 규제의 문제다. 문화산업이 박근혜 정부가 지향하는 창조경제의 핵심 분야이기에 더욱 시의성 있는 문제다. 역사 속에서 문화산업의 경쟁, 독과점 그리고 규제의 문제는 실상 전혀 새로운 것이 아니다. 아도르노와 호르크하이머가 1947년 출간한 《계몽의 변증법》에서 이미 거론한 바와 같이, 이는 근대 자본주의 체제 이후 인간의 예술과 정신문화가 시장에서 산업을 만났을 때 필연적으로 항시 수

반된 문제였다.

　미래 문화산업 경쟁력을 위해 독과점 구조에 대한 일정 부분 규제는 불가피하다. 규제의 첫 번째 원칙은 합리성이다. 정부의 규제정책은 다양한 산업 행위자들의 이해관계를 균형 있게 반영해서 궁극적으로는 합의를 도출할 수 있는 합리성의 요건을 갖추었을 때 비로소 힘을 받는다.

　또한 정부의 규제정책 방향은 예측 가능해야 하고 지속 가능해야 한다. 이로 인해 정부의 규제정책이 산업 행위자들의 경제행위에 확신을 줄 수 있어야 한다. 정부가 사안마다 지나치게 상세한 가이드라인을 제공하는 방식은 바람직하지 않다. 청와대 비서실장이 직접 나서서 휴가철 공직자 골프 가이드라인을 구술해 주는 식의 발상은 매우 곤란하다. 교육부가 고교 교육 정상화에 기여하는 입학제도를 도입하는 대학에 인센티브를 주는 식의 즉흥적 보상도 본질적인 해결방식이라고 보기 어렵다.

　지금 절실한 것은 창조경제 시대에 맞는 산업 규제의 '비전 제시'다. 적정 수준의 독과점 규제는 왜 필요하며, 그 규제의 열매는 어떠한 형식의 분배로 이어져야 하느냐에 대해 보다 근본적이고 진정성 있는 성찰이 필요하며 그 성찰의 결과가 확고한 비전으로 제시되어야 한다. 왜 어떠한 방식의 규제가 필요한지에 대한 문제 인식의 공감이 반드시 선행돼야 한다. 분명한 비전의 공유가 전제된다면 구체적 실행은 의외로 쉽게 이루어질 수 있다.

한 시대 최고의 스토리텔러가 우리 곁을 떠났다. 그러나 스토리는 계속돼야 한다. 스토리가 미래 문화산업의 핵심이기 때문이다. 스토리가 인간 역사의 중요한 유산이기에 또한 그러하다. 우리가 〈모래시계〉 신화를 다시 기다리는 이유가 그것이다.

문화융성 위해선 정부 간섭 줄여야

|

매경시평, 〈매일경제〉, 2013. 11. 10.

박근혜 정부의 국정기조 중 하나인 '문화융성'이 지난주 대통령 유럽 순방 중에도 큰 주목을 받았다. 투자유치와 경제협력을 위한 정상외교의 바쁜 일정 중에도 대통령은 파리 한국 드라마의 날 참석, 유네스코 사무총장 접견, 미술관 관람, 런던 한국영화제 개막식 참석 등을 통해 문화에 대한 열정을 유감없이 보여 준 것이 매우 인상적이었다.

그러나 최근 대통령 직속 문화융성위원회가 발표한 정책과제를 살펴보면 정부가 문화와 문화산업의 개념을 과연 제대로 이해하고 있는지 우려되는 대목들이 있다.

첫째, 국정기조로서의 문화융성은 '문화가 있는 삶'을 통한 국민 행복에의 기여를 목표로 설정하고 있다. 이를 위해 지역학과 지역문화 특성화, 인문정신의 가치 정립, 전통문화의 생활화와 현대적 복원 등 사업과제를 제시하고 있다. 추정하건대 국민이 지역과 전통에 더욱 애정을 갖고 사회에 팽배한 물질주의를 대체할 인문정신의 사색 공간을 갖는 것이 바로 문화가 있는 삶이라고 보는 것 같다. 그러나 이들이 문화가 있는 삶, 나아가 국민 행복과 실제로 어떤 상관관계가 있는지에 대한 구체적인 설명은 매우 미약하다.

여기에서의 문화는 실제로 '문명'의 개념에 더 가깝다. 역사 속에서 국가가 개입되는 '문명으로서의 문화'는 다른 문화와의 심각한 정치적 충돌을 일으켜 왔다. 미국 정치학자 새뮤얼 헌팅턴이 언급한 '문명 충돌론'도 사실 이와 궤를 같이한다. 국민 개개인의 삶과 행복의 문제와는 전혀 무관한 문명으로서의 문화가 국가 정책의 후원으로 인해 지나치게 힘을 받을 때 발생할 수 있는 문제에 대한 우려가 그것이다.

둘째, 문화융성의 추진을 위한 키워드로 '자율'을 내세우고 있지만 그 실효성이 의심된다. 취약 지역에의 문화공간 조성, 예술 진흥 지원 등은 불가피하게 하향식 지원사업의 성격을 띠기 때문이다. 이런 점은 〈아리랑〉을 국민통합의 구심점으로 삼겠다는 매우 과감한 캠페인에서 더욱 분명히 나타난다.

영국 역사학자 리처드 호가트는 그의 저술 《교양의 효용》에서 1940년대 영국 지역 곳곳의 '펍pub'이 자생적 지역 공동체 문화의 중심지였음을 매우 흥미롭게 설명한다. 우리 식으로 이야기하면 문화가 있는 삶과 국민행복의 중심지였던 셈이다. 영국의 펍을 국가가 제도적으로 후원했다는 말을 들어 본 적은 없다. 그럼에도 여전히 지역 공동체 문화와 행복의 중심 공간이다.

164

문화의 수원지水源池는 날마다 솟아나는 깊은 산속 샘물이다. 샘물이 계곡을 거쳐 바다에 이를 때 비로소 문화의 실체가 확연해지는 것은 사실이다. 그러나 바다보다 더 중요한 것이 신선한 샘물이기에 더욱 소중히 지켜야 한다.

셋째, 정부의 문화융성 정책은 또 다른 국정기조인 창조경제의 구현을 위한 문화산업의 부가가치 제고를 목표로 하고 있다. 문화와 IT기술 융합을 통한 창의 문화산업, 한류를 통한 문화적 가치 확산 등이 그것이다.

국가의 문화산업 정책은 분명히 필요하다. 그러나 이것이 정부가 최전선 스트라이커 역할을 직접 해야 한다는 의미는 아니다. 음지에서 감독과 선수를 돕는 구단 스태프의 역할을 충실히 수행해야 한다. 미국 상무성은 1920년대 이래 영화산업을 조용히 그러나 강력하게 후원해 왔다. 그러나 늘 실전은 할리우드 스튜디오들의 몫이었다. 경기장에서 뛰는 선수들이 최고 컨디션으로 창의적 경기 운영을 하도록 돕는 것이 정부의 역할이다.

문화융성을 위한 정책과 제도가 오히려 문화융성의 제약이 될 수도 있음도 유의해야 한다. 원래 문화란 자생적으로 커 나가도록 두고 가끔 물이나 주면서 돌봐야 하는 대상이다. 지나친 비료와 농약은 다음 해 농사를 망친다.

규제에 멍드는 글로벌 경쟁력

|

〈동아일보〉, 2013. 11. 22.

최근 대학의 글로벌 차이나 프로그램을 기획하면서 기업인들을 만날 기회가 많았다. 만나는 분들마다 단순한 중국어 교육 수준을 넘어 현지 시장에 대한 몰입교육의 중요성을 강조했다. 방대한 중국 시장이 분명히 매력적이지만 실제 그 시장에서 성공하기는 힘들었다는 체험에서 나온 조언이었다.

실제로 중국 내수시장에서 세계 각국의 글로벌 기업들조차 크게 고전하고 있다. 2007년 중국 휴대전화 시장 점유율 1위였던 노키아의 상하이 매장이 3월 문을 닫은 것은 충격적인 뉴스였다. 올 상반기 중국 스마트폰 시장에서는 삼성전자가 점유율 19%로 1위였다. 그러나 현지 업체인 2위 레노버(12.0%), 3위 쿨패드(11.4%), 4위 화웨이(10.7%), 5위 ZTE(9.6%)의 추격이 매우 거세다.

문제는 글로벌 경쟁력이다. 기업은 끊임없는 제품 혁신으로 중국 등 글로벌 시장에서의 경쟁력을 키워 가야 한다. 정부는 기업의 혁신에 날개를 달아 줘야 한다. 따라서 정부의 산업 규제가 혹시 글로벌 시장에서 기업의 경쟁력 약화로 이어질 소지는 없는지 잘 살펴봐야 한다.

그런 점에서 최근 국회에 제출된 '단말기 유통구조 개선법'은 문제가 있다고 생각한다. 이 법은 번호이동, 기기변경, 신규가입 등 가입유형이나 요금제, 거주지역에 관계없이 보조금을 똑같이 지급할 것을 강제한다. 이통사의 보조금 외에 제조사가 단말기 판매 촉진을 위해 제공하는 판매 장려금도 규제 대상이다. 또 제조사는 장려금 규모와 출고가 등 관련 자료를 정부에 제출해야 한다. 모두 공정한 내수 유통경쟁 환경 조성을 명분으로 내세우는 조치들이다.

그러나 이 법안으로 휴대전화 내수시장이 위축되고 나아가 글로벌 경쟁력조차 흔들릴 수 있다는 점이 간과되고 있다. 사실 국내 휴대전화 시장은 이미 포화상태다. 여기에 새로운 법안의 규제까지 더해지면 국내에서는 정상적인 기업 활동이 거의 불가능해진다. 이런 조건에서 글로벌 시장에서의 선전을 기대하기란 힘들다. 중국 시장 점유율 1위의 신화가 무너지는 것도 막을 방법이 없다.

산업에 대한 정부의 규제는 반드시 필요하다. 그러나 규제는 시장의 불평등 구조가 시장의 정상적 작동을 심각하게 방해할 때에만 필요하다. 시장의 흐름에 이상기류가 있을 때 바로잡아 자연스러운 흐름을 돕는 것이 규제의 목적이다. 그러나 현재 추진되고 있는 법안은 이러한 정상적인 규제의 목적과 거리가 멀어 보인다. 게다가 제조사에 대한 공정거래위, 방송통신위, 미래창조과학부의 삼중 중복규제 우려도 엿보인다. 그렇다면 이는 자연스러운 시장의 흐름을 도와주는 것이 아니고 흐름을 끊어 놓는 식의 규제다. 이러한 비정상적인 규제 속에서 글로벌 시장에서의 혁신과 경쟁력을 이야기하는 것은 그야말로 연목구어緣木求魚다.

설 명절에 생각하는 지구촌 행복시대

|

매경시평, 〈매일경제〉, 2014. 1. 26.

설이 눈앞이다. 북한이 갑작스럽게 이산가족 상봉 제안을 수락했다는 소식을 접하며 고개를 갸우뚱하고, 카드 개인정보 유출로 인해 신용사회의 공든 탑도, 내 주머니도 와르르 무너질 수도 있다는 유쾌하지 않은 상상도 하며 설 명절 연휴를 맞고 있다. 우리 사회 안보·정치·경제 분야 불안, 갈등, 불신 문제는 사실 어제오늘 일이 아니다. 그런 의미에서 우리는 '상시적 무한 위기' 시대에 살고 있다. 이래저래 올해 설 떡국 밥상을 둘러싼 대화도 입맛을 당길 것 같지 않아 우울하다.

위기의 시대, 위기의 밥상을 극복하기 위한 대화 소재로 '우리 설 밥상의 근대사'를 제안한다. 이를 위해 전문적인 역사 공부가 필요하지는 않다. 부모님 세대의 일상적 삶의 체험담이면 충분하다. 일제강점기와 한국전쟁을 겪으면서 심하게 위축됐던 명절 밥상이 그나마 풍성함을 되찾은 것은 그리 오래되지 않는다. 원조 밀가루에 의존했던 상차림에 유기농 재료들이 올라서며 환경 문제 논쟁으로 이어지는 것을 바라보니 그야말로 격세지감이다.

설 밥상의 격과 함께 국제사회에서 국격國格도 높아졌다. 불과 반세기 전 수원국受援國이 지금은 국제사회의 기부국이다. 세계은행 자료에 따르면 2010년 현재 개발도상국에서 하루 1. 25달러(약 1,338원) 이하 소득으로 생계를 유지하는 극빈곤층 비율이 여전히 약 21%다. 이제는 우리가 이들에게 다가설 의무가 있다.

그러나 기부국으로서 실제적 위상은 여전히 미진하다. 정부의 2014년 공적개발원조ODA 예산은 국민총소득GNI 대비 0. 16%인 2조 2,700억 원 수준이다. OECD 개발원조위원회DAC 회원국 평균인 0. 3%, 그리고 정부가 약속한 2015년 0. 25% 달성은 쉽지 않아 보인다.

예산은 필연적으로 국내 경제, 복지 이슈 등과 연동되니 어쩔수 없는 면이 있다. 더 중요한 것은 ODA '품질' 문제다.

첫째, 정부가 강조하는 '지구촌 행복시대'를 위해 보다 진정성있는 기여 방안을 모색해야 한다. 약 40%대인 유상원조 비율은 수원국에 부담을 줄 뿐 아니라 국내 기업 진출용이라는 점에서 진정성에 의혹을 받을 만한 소지가 크다는 지적을 겸허하게 받아들여야 한다.

둘째, 정부의 적극적 의지와 기업 및 대학의 자율적이고 능동적인 참여가 최적 조합을 이루는 협력적·통합적 ODA 모델 연구가 필요하다. 기업은 글로벌 시장 개척이라는 달콤한 유혹을 잠시 떨치고 기업의 사회적 기여를 국제사회에 대한 기여로 확대한다는 소박한 동기가 앞서야 한다. 혹시 열매를 원하더라도 다음 세대 몫으로 돌려야 한다.

대학은 우수한 ODA형 인재를 교육하고 새로운 모델을 개발함으로써 협력해야 한다. 우리 젊은이들에게 이제 이 땅은 너무 좁다. 대한민국 국민임과 동시에 글로벌 시민으로서 정체성을 동반할 충분한 자질을 갖추고 있다. 젊은이들의 냉철한 지성과 리더십이 바로 지구촌 행복시대의 자양분이다.

셋째, 창의적 ODA 모델 개발과 실행이 필요하다. 최근 한국국제협력단KOICA이 발표한 '개발을 위한 커뮤니케이션C4D' 모델은 매우 참신한 사례다. 다양한 영역에서 원조 효과를 극대화하기 위한 창의적 소통전략 모델의 중요성은 매우 크다. 전 세계 어린이들에게 희망이 된 '한국 컴패션' 성공사례는 다름 아닌 소통의 성공사례였음에 주목해야 한다.

여러모로 어려운 계절이다. 그래도 올해 설 밥상은 좀 더 풍성했으면 한다. 따뜻한 나눔과 지구촌 행복시대 이야기로 풍성함이 넘치길 기대한다.

언론과 기업의 품격 있는 논쟁을 위하여

|

〈동아일보〉, 2014. 4. 27.

지난달 불거진 삼성전자와 〈전자신문〉의 갈등이 점입가경이다. 출시를 앞둔 갤럭시 S5의 카메라 렌즈 수율이 20~30%에 불과해 생산 차질이 예상된다는 3월 17일 자 〈전자신문〉 보도에 대해 삼성전자는 정정보도를 요구했다. 그러나 〈전자신문〉이 이를 받아들이지 않고 25일 자 후속보도를 냈으며, 그 후 약 3주 동안 최소한 50여 건의 삼성전자에 대한 부정적 기사를 전방위로 쏟아 냈다. 삼성전자가 4월 4일 〈전자신문〉을 상대로 손해배상청구 소송을 제기함으로써 쉽게 돌아오기 힘든 강을 건넌 셈이 되었다.

이번 사태를 바라보는 시각도 첨예하게 갈라서 있다. 혹자는 '대기업의 중소언론 길들이기'라고 보고, 다른 혹자는 '오보에 대한 정당한 정정보도 요구를 지면의 힘을 통해 묵살한 중소언론의 대기업 길들이기'라고 보고 있다. 실상이 무엇이건 간에 언론과 기업의 '건강한' 상호견제 기능이 무너진 사례라는 점에서 매우 유감이다. 그 내용을 상세히 들여다보자.

첫째, 〈전자신문〉은 카메라 렌즈 금형 문제 때문에 낮은 수율이 불가피하다고 주장했다. 그런데 불과 일주일 후인 25일 기사에서는 '렌즈 금형 문제는 풀었지만, 이번에는 렌즈 코팅·해상도에서 또 다른 암초가 등장했다'고 함으로써 첫 번째 기사의 오류를 사실상 부분적으로 인정했다. 이후 4월 8일 기사에는 다시 렌즈 금형 문제가 전면에 등장해 독자의 한 사람으로서 매우 혼란스러웠다. 과연 무엇을 이야기하고 싶었던 것일까.

둘째, 〈전자신문〉은 핵심부품 수급 문제의 근거로 '업계 관계자', '삼성전자 관계자', 그리고 '부품협력 관계자'를 인용하였다. 구미 저널리즘 용어를 빌려 말하면 취재상의 '깊은 배경deep background' 정보를 바탕으로 한 보도다. 이 경우 취재 과정에서 정보원이 기자에게 제공하는 '깊은 정보'를 기자가 활용할 수는 있지만 정확한 정보원은 밝히지 않는 것이 취재 및 보도상 관례다. 여기에서 중요한 것은 '깊은 배경' 정보를 활용하는 기자의 윤리 문제다.

'깊은 배경' 정보에 대해서는 객관적 자료를 통한 검증 과정이 반드시 필요하다. 이 과정이 생략되면 기자는 이미 만들어진 프레임에 '깊은 배경' 정보를 활용하는 유혹을 받기 쉽다. 〈전자신문〉 보도의 경우 핵심적인 '깊은 배경' 정보를 객관적 자료를 통해 검증한 흔적이 보이지 않음이 유감이다.

셋째, 〈전자신문〉이 집중적으로 게재한 특정 사에 대한 부정적 기사들의 양과 방향성은 매우 우려할 수준이다. 기업의 경영

철학과 미래혁신, 해외 경쟁업체 및 시장 현황, 제조업 생태계와 동반성장 이슈 등은 모두 국가 ICT 대표선수인 삼성전자의 현재와 미래의 위상과 관련된 의미 있는 이슈들이다. 그런데 하필이면 이 시점에 일정한 방향으로, 집중적으로 다루어야 하는지에 대한 명분이 약하다. 자칫 다른 목적을 가진 무차별 사격으로 비추어짐이 유감이다. 그로 인해 의미 있는 보도들의 영향력이 반감됨이 또한 유감이다. '오얏나무 아래서 갓을 고쳐 쓰지 말라李下不整冠'는 주周나라 고사故事가 새삼 생각난다.

더 말할 필요 없이 언론은 권력의 감시견監視犬이어야 한다. 감시의 대상에서 정부 권력도 경제 권력도 예외일 수 없다. 정부도 기업도 언론의 정당한 지적을 가슴속 깊이 겸허하게 받아들여야 한다. 한편 언론도 건전한 비판자로서 사회에 대한 책무성account ability을 잊지 말아야 한다. 이는 단순한 책임성responsibility보다 더 포괄적인 개념이다.

언론의 책무성 이행 정도에 의해 그 '사회의 품격'이 결정됨은 과장이 아니다. 우리 언론이 품격의 문제를 더욱 고민했으면 한다. 나아가 언론과 기업의 보다 품격 있는 논쟁을 기대한다.

바닥 드러낸 무無성찰 언론 거듭나려면

매경시평, 〈매일경제〉, 2014. 5. 12.

아직도 마음이 시리다. 그리고 먹먹하다. 304명의 사망·실종자를 낸 세월호 참사가 일어난 지 이제 나흘 후면 한 달이다. 그동안 빈소에 세 번 다녀왔다. 거기서 스쳐 간 시민들의 눈빛을 잊을 수 없다. 매우 격한 애통의 눈빛이다. 동시에 어느 누구와도 정면으로 마주치고 싶지 않은 눈빛이다. 심한 불신의 눈빛이다.

세월호 사고는 수락석출水落石出의 계기를 우리 사회에 제공했다. 기초 사회안전망의 부재, 관과 이익단체의 부적절한 밀월, 윤리의식을 상실한 기업인, 책임의식을 결여한 리더십, 대형사건을 수습하려는 정부의 의지와 전략의 부재 등이 그것이다.

그동안 우리 사회의 수면 아래 아슬아슬하게 숨어 있던 돌들이 물이 빠지면서 일제히 수면 위로 드러났다. 수면 아래 불편한 진실들을 적나라하게 마주쳐야 하는 시민들의 심경은 그야말로 황망할 따름이다. 세월호가 드러낸 돌들의 무게를 감히 지탱할 수 없다. 그래서 주위의 누구에게도 신뢰의 눈길을 주기가 어렵다.

사고 이후에도 최소한의 사회적 신뢰 자산을 지켜낼 기회는 사실 많았다. 그러나 거의 모두 실기失機했다. 정부는 일사불란하고 단호한 대국민 커뮤니케이션 네트워크를 즉각 구성해야 했다. 국무총리 혹은 주무 장관이 하루에 몇 번이라도 정기적으로 언론과 국민을 직접 대면해 사고 전개 및 구조 상황을 진정성 있게 설명해야 했다. 그러나 그 자리에는 국무총리도 장관도 없었다. 서로 책임을 전가하는 부처 이기주의와 보신주의補身主義라는 숨은 돌만이 수면 위로 드러났을 뿐이다.

정부의 초기 대응 혼란의 틈새에 또 다른 기회가 주어진 것은 언론이었다. 그런데 사건에 대한 언론의 개입은 어처구니없게도 '탑승자 전원 구조'라는 오보부터 시작됐다. 급박한 초기 사건 현장에서 기자는 체계가 채 잡히지도 않은 구조당국이 던지는 조각 정보에 의존할 수밖에 없었다고 추정된다. 그러나 엄청난 재난 현장에서 자칫 흥분할 수 있는 젊은 기자들의 거친 숨소리를 간파하고 이를 냉정하게 여과해 주는 역할을 하는 것이 데스크의 기능이다. 현장 기자도 데스크도 여전히 재난 보도 매뉴얼조차 숙지하지 못하고 있었음이 여실히 드러났다.

대형 재난 보도는 '공익'을 목표로 매우 엄격한 '절제' 아래 이루어져야 한다. 나름 전문가들의 구조 작업도 갈팡질팡했던 맹골수로 현장에 해양사고 취재 경험이 없는 기자가 투입됐을 때 구조작업의 실효성과 국민의 알 권리라는 다양한 공익성의 층위에서 얻는 것은 무엇이고, 잃는 것은 무엇인가에 대한 심각한 고민은

있었는가. 팽목항의 희생자 유가족들에게 마이크를 들이대면서
이들의 애통과 절규의 감성을 헤아리는 절제의 성숙함은 있었는
가. 수백 명의 취재기자들이 자신들도 함께 흥분해서 몰려다니는
동안 언론사 간 타협을 통한 공동취재의 대안이 보다 효율적임과
동시에 공익적일 수도 있다는 생각은 하지 않았는가.

극단적 위기 상황에서 정부 당국자와 언론의 '최적 공익公益가
치'에 대한 판단은 도끼를 갈아서라도 바늘을 만들겠다는 마부위
침磨斧爲針의 끈기 있는 성찰을 통해 다져진 내공으로만 가능하다.
그것이 사회의 리더들에게 요구되는 '성찰적 프로페셔널리즘'이
다. 세월호는 우리 사회의 리더, 그리고 언론의 무無성찰, 무無내
공이라는 수면 아래의 돌을 밀어 올려 적나라하게 드러냈다.

국가 개조 차원의 제도 개혁이 절실함에 동감한다. 그러나 문
제는 관행과 의식의 문제다. 100% 완벽한 제도와 매뉴얼은 존재
하지 않는다. 성찰을 통해 정교화된 프로페셔널리즘이 이를 보완
한다. 이를 통해 우리 사회의 무너진 사회안전망과 무너진 신뢰
가 동시에 회복되어야 한다.

KBS 시청자 권리장전 만들자

|

매경시평, 〈매일경제〉, 2014. 6. 15.

다시 KBS가 문제다. 정치적 외압과 보도 편향성에 대한 문제 제기가 사장 해임까지 이른 최근 일련의 사태를 지켜보는 심정은 매우 참담하다. 문제는 사장 한 사람 바꾸는 게 아니라 지배구조다. 공영방송 최고경영자인 사장을 선임하는 제도와 과정의 문제가 지배구조의 핵심이다. 이 제도와 과정에서 정치적 외압을 배제하지 않는 것은 바로 KBS 사장에게 정치를 하라고 지시하는 것에 다름 아니다. 보도국에 더 이상 정치적 자율성과 보도 공정성을 요구할 수도 없다.

어디서부터 잘못된 것일까. 1961년 국영 KBS 텔레비전 설립을 발표한 당시 오재경 공보부 장관은 훗날 이것이 '혁명정부의 크리스마스 선물'이었다고 회고했다. 당시 정부가 생각한 텔레비전 방송 수용자상(像)은 '계도와 공보 대상인 국민'이었다.

그러나 당시 정부가 투입한 연 4천만 원(현재 물가지수로 단순 환원하면 약 1,400억 원)의 재원으로 텔레비전 방송의 초기 투자, 인력 확보, 양질의 방송 제공은 절대 무리였다. 정부는 또 다른 재원을 찾아야 했고, 그것이 1963년 100원(현재 약 3,500원)으로 시작된 수신료受信料다. 이 과정에서 생략된 것이 있다. 수신료 부담을 통해 방송을 위탁한 '공민public citizen'과 위탁기구인 KBS 간 제대로 된 위탁 협약이 이루어지지 않았다. 정부는 여전히 시청자를 계도와 공보의 대상인 국민으로 봤다.

이러한 정부의 시각은 1973년 공영방송 한국방송공사가 정식으로 출범한 이후에도 변함없이 계속됐다. KBS와 시청자 간에 구체적인 위탁 협약이 없었으니 시청자는 자신의 권리를 알 수도 없었고 주장할 수도 없었다. 이런 사이 KBS는 시청자를 떠나 정권과 정치권의 전유물화되어 갔다.

정부는 공영방송 KBS 지배의 달콤한 유혹을 거부하지 못한 채 다수 이사회를 통해 입맛에 맞는 사장을 고르는 방식으로 정치적 영향력을 계속 행사해 왔다. 과거 야당도 일단 여당이 되면 KBS를 통한 여론 관리와 통제의 매력을 떨치지 못했다.

새로운 사장이 선임될 때마다 거의 예외 없이 정치적 편향성 이슈가 떠오른 것도 이 때문이다. 지금 우리는 공영방송 KBS의 '시청자 공민公民 권리장전'이 필요하다. 이를 통해 KBS는 그 위탁자인 '시청자 공민'에게 돌아가야 한다.

권리장전의 첫 장은 질곡 많았던 우리 현대사에서 산업화와 민주화, 그리고 경제 위기와 극복의 경륜을 통해 성숙된 우리 시청자에 대한 무한 존경심을 바탕으로 이들의 권리를 복원하고자 하는 진정성을 담아내야 한다. KBS를 정권교체의 전리품으로 여겼던 역대 정권과 여야 정치인의 사과도 반드시 여기서 이루어져야 한다. 시청자 권리는 도외시한 채 오랜 기간 수신료 인상 문제를 운운했던 무례함에 대해서도 유감이 표명돼야 한다.

권리장전 다음 장의 핵심은 역시 지배구조다. KBS의 위탁자가 대통령도 정치권도 아닌, 바로 시청자임을 재천명해야 한다. 그리고 정당과 정치권의 추천을 받은 이사들도 그들의 책임은 정치권에 대한 책임이 아니고 시청자에 대한 책임임을 공개적으로 선언한 후에야 임명되도록 해야 한다. 최소한 여당이사, 야당이사로 나뉘어 불리는 치욕은 이제 벗어나야 하지 않겠는가.

사장 선임은 현재 이사회의 단순 과반수제가 아닌 3분의 2 이상 특별 다수제에 의해야 한다는 주장은 이미 크게 주목을 받고 있다. 사장 임명을 위한 국회 청문회 제도도 이미 실행을 기다리고 있다. 우리 공영방송의 역사에서 해결하지 못한 제대로 된 위탁 협약의 체결이 지금이라도 반드시 필요하다. 그다음에야 제대로 된 공영방송 KBS를 생각할 수 있다.

에볼라 바이러스와 국격

|

매경시평, 〈매일경제〉, 2014. 8. 25.

에볼라 바이러스 사망자가 가장 많은 서아프리카 라이베리아에서 입국한 후 행방을 감춰 에볼라 괴담 주인공이 됐던 아프리카인 2명의 신병이 확보됐다. 보건당국은 현재 이들에게 에볼라 바이러스 감염 증세는 없으나, 규정에 의해 일정 기간 격리해서 관찰할 예정이라고 발표했다.

아울러 당국은 서아프리카에서 온 입국자에 대한 검역을 강화하고, 동시에 국민에게 해당 지역 여행을 자제할 것을 권고하고 있다. 국민 건강을 책임지고 있는 보건당국으로서 기민하게 해야 할 당연한 조치들이다.

이미 알려진 대로 에볼라 바이러스는 치사율이 매우 높을뿐더러 아직 완벽한 치료제와 백신이 개발되지 않아 불확실성 높은 감염질병군에 속한다. 현재까지 밝혀진 바에 따르면 에볼라 바이러스는 혈액과 체액, 분비물에 의해 감염될 뿐 공기 감염은 되지 않는다. 매우 위협적이지만 주의하면 충분히 피해 갈 수 있는 바이러스라는 이야기다.

문제는 에볼라 바이러스와 같은 잠재적 거대 위협에 일단 당면하면 이에 대한 과학적이고 이성적인 설명의 공간이 급격히 축소된다는 데에 있다. 대신 감염 바이러스의 공포를 담은 영화 〈아웃브레이크〉(1995)가 자연스레 연상되고, 나와 가족을 지키기 위한 극단적인 집단 자기방어 기제로 발전될 가능성이 크다.

집단 자기방어 기제가 극단적 특성을 띠면 필연적으로 공격성을 수반하게 된다. 서아프리카인 등 외국인에 대한 극도의 경계심이 공격성으로 발전한다면 이는 심각한 인종 문제 염려까지 낳을 수 있다. 이러한 일련의 집단의식과 행위의 흐름에 큰 영향을 끼칠 수 있는 것이 현재 우리 사회의 SNS다.

이번 라이베리아인 잠적 소동에서도 SNS를 통해 부분적으로 드러난 국민적 동요는 염려할 만한 수준이었다. SNS가 상황에 따라서는 집단지성이 아닌 집단야성野性의 확산에 어떤 기여를 할 수 있는지 보여 준 좋은 사례였다.

에볼라 바이러스의 위협에 대처하는 데도 국격國格이 필요하다. 2008년 광우병 파동 때 대처 과정에서 잃은 정부의 품위를 회복할 호기이기도 하다. 정부는 차분하고 진정성 있게 바이러스 감염 경로와 대응 방안, 외국인 입국자 검역 강화와 외국여행 자제 권고 이유를 설명해야 한다. 이 바이러스가 아직까지 우리 사회에는 가상적 위협일 뿐이라고 설명하는 배경은 무엇이며, 이것이 현시적 위협이 되었을 때를 대비한 정부 측 시나리오는 무엇인지도 자세히 알려야 한다.

이 시나리오가 제대로 받아들여지면 국민은 안정감과 평정심을 찾게 되고, 정부에 대한 신뢰도 회복할 것이다. 나아가 극단적인 자기방어 기제를 스스로 무장해제할 것이다. SNS도 더 이상 집단야성이 아닌 집단지성의 장으로서 기능을 스스로 회복하게 될 것이다.

국제개발협력 중심 국가로서 우리 국격도 생각해야 한다. 아프리카 등에서 공적개발원조ᴼᴰᴬ와 다양한 비정부기구ᴺᴳᴼ를 통해 국제사회에 기여하고 있는 국가로서 품격에 맞는 대처가 필요하다. 에볼라는 서아프리카에서 왔지만, 서아프리카인들은 변함없이 우리 친구다. 국제개발협력 과정에서 국가·인종·민족 간 이미지와 정서의 장벽은 절대적 장애 요인이다.

흔히 국제개발협력의 목적이 원조를 통한 경제·사회 발전이라고 이야기한다. 그러나 경제·사회 발전의 궁극적인 종착점은 기부국과 수원국 간 원활한 소통과 이해 증진이 되어야 한다고 생각한다. 서아프리카가 당면한 생물학적 공포와 위협에 공동 대응하는 동반자로서 관계 발전을 기대한다. 정부 당국은 물론 서아프리카를 글과 이미지로 그려내는 언론 그리고 SNS를 통해 서아프리카를 이야기하는 국민 모두의 동반자 인식이 매우 중요하다.

평행선 한 · 일 외교, 학계 · 언론이 다리 놓자

|

매경시평, 〈매일경제〉, 2014. 11. 9.

내년 국교 정상화 50주년을 앞두고 지난 6일 열린 한 · 일 협력위원회는 최근 더욱 경색된 한 · 일 관계를 개선하고 새로운 관계를 동반 모색하는 중요한 계기가 될 수도 있다는 점에서 언론의 큰 관심을 끌었다.

이 자리에서 박근혜 대통령은 한 · 일 양국이 서로에게 소중한 동반자라고 말하면서도, 양국 간에는 풀어야 할 문제가 적지 않다는 메시지를 전했다. 아베 신조 총리는 양국 간의 현안을 풀기 위해 정상회담을 포함한 모든 단계에서 대화해 나가야 한다는 메시지를 전해 왔다.

박 대통령은 위안부 피해자 문제 해결 등 일본의 진정성 있는 조치가 선행돼야 한다는 점을, 아베 총리는 일단 만나서 풀자는 기존 입장을 되풀이한 셈이다. 일단 이번 주 아시아 · 태평양경제협력체APEC 정상회의에서 양국 정상 간 대화를 원했던 아베 총리의 구상은 실현 가능성이 매우 낮아졌다. 이러한 양국 정상의 입장은 당분간 계속 평행선을 그릴 것 같다.

양국의 정상 외교가 명분의 덫에 걸려 난항을 거듭하는 이즈음 유일한 희망은 민간 섹터의 공공외교에 있다. 여기에서 특히 학계와 언론·미디어의 역할이 매우 중요하다.

첫째, 한·일 양국 국민의 상호인식 차이에 대한 치밀한 진단이 우선적으로 필요하다. 그 차이는 어느 정도이며, 그 내용은 구체적으로 무엇인지에 대한 다^{多}학제적 공동 심층연구가 시급하다. 한·일 양국을 대표하는 정치학·경제학·사회학·심리학·커뮤니케이션학 연구자들이 공동 연구를 주도해야 하고, 양국 언론과 미디어는 그 결과를 양국 국민에게 진솔하게 설명해야 한다. 양국 정상은 자신들의 시각이 아닌 국민의 시각에서 바라본 상호인식 차이를 바탕으로 그들이 지금까지 내걸어 온 외교적 명분들을 되돌아봐야 한다.

둘째, 한·일 양국 언론이 지금이라도 위안부, 독도, 한·일 자유무역협정FTA 등 예민한 현안에 대한 공동 취재·보도 방법을 적극적으로 찾아야 한다. 첨예하게 시각을 달리하는 현안에 대한 양국 언론의 공동취재가 거의 불가능에 가깝다는 것은 '불문가지 不問可知'다.

이미 정해진 서로의 해답을 갖고 있다면 이성적인 토론은 힘들다. 여기에서 자신의 입장과 해답을 내려놓고 열린 공동 취재·토론·보도 현장으로 나오는 용단이 필요하다. '역지사지易地思之'의 포용정신이 절대 필요하다. 상대국 기자들이 자국 신문 지면

이나 방송의 메인 뉴스에서 예민한 현안을 직접 이야기하는 것도 한 방법이다. 공동 취재 결과를 동시에 보도하는 것도 획기적인 대안일 것이다. 쉽지 않은 일임을 잘 안다. 그러나 절실하게 두드리면 문은 열린다.

셋째, 한·일 양국 미디어는 양국 국민의 일상생활 수준에서 상호 이해를 증진할 수 있는 다양한 교류를 즉시 적극적으로 추진해야 한다. 대중음악, 드라마, 영화, 오락, 스포츠 등 연성 미디어 포맷의 공동제작이 우선적으로 고려돼야 한다. 국교 정상화 반세기를 맞는 2015년은 양국민의 시선과 관심을 끌기에 매우 용이한 시점이다. 지금이라도 기획·추진한다면 늦지 않는다. 한·일 양국 미디어 기획·제작자의 상상력이 최적의 조합을 이룬다면 대표적인 미래 동북아시아 미디어 상품으로 키워 볼 수도 있다. 양국 간 산업협력의 모범 사례가 될 수도 있다.

역사 속의 상흔傷痕이 결코 사라지지 않는 것임을 잘 안다. 아픔을 딛고 다시 일어나 정진하기 위해서는 비상한 노력이 필요하다. 지금 한·일 양국에 모두 중요한 것은 바로 경제다. 특히 중국 경제의 엄청난 부상을 바로 옆에서 바라보는 양국에 모두 정상 외교의 명분 논리를 넘어서는 실리적 상생相生 논리가 필요하다. 그래서 양국 간 공공외교의 현장에서 학계·언론·미디어가 지금 바로 무엇을 해야 하는지에 대한 진지한 숙의가 필요하다.

영화 〈국제시장〉의 성공에서 배우기

|

매경시평, 〈매일경제〉, 2015. 1. 15.

1960년대 후반 초등학교 시절, 부산 영도의 외갓집에서 여름방학을 보냈던 일이 아직도 빛바랜 흑백사진 앨범처럼 기억에 남아 있다. 영도다리를 건너 가물치시장 어전을 기웃거리다 대로를 건너 들어선 국제시장. 이 작은 일상의 공간은 도시 소년에게 세상을 가르쳐 준 만물상이었다. 부산하게 흥정 붙이는 상인들과 무표정한 행인들, 목소리가 큰 미군들과 화난 표정의 상이군인들, 매력적으로 포장된 미제 초콜릿과 엿판의 가위 소리가 혼재하던 그곳. 소년의 아스라한 기억 속 바로 그 국제시장이 다시 살아나 천만 관객을 만났다.

윤제균 감독의 영화 〈국제시장〉에 대한 세간의 평이 다양하다. 전형적인 보수·복고풍 스토리텔링이라는 비판의 목소리도 있고, 우리 아버지 세대가 경험한 근대역사의 질곡의 현장을 매우 사실적으로 담아낸 수작이라는 평도 있다. 분명한 건 70대 할아버지와 10대 손자를 함께 극장에 불러내서 같이 울고 웃게 만든 스토리의 힘이다. 할아버지와 손자 세대가 역사를 보는 관점은 각기 다를 수 있지만, 감성적 공감대의 공간은 여전히 존재했다. 그 스토리의 힘, 공감대의 공간은 어디에서 나온 것일까.

영화 〈국제시장〉의 천만 관객 동원이 전적으로 성공적 흥행영화 마케팅의 사례라고만 보기는 힘들다. 영화의 힘은 감독의 진정성 있는 소통 의지에서 나온다. 그리고 그 소통 의지를 관철하기 위한 감독의 장인匠人정신에 있다. 그 장인정신이 촬영과 편집 테크닉보다 훨씬 더 중요한 감동 메시지의 원동력이다.

윤제균의 장인정신은 우리 근대사의 팩트들 위에 관객이 공감할 수 있는 보편적 상상력을 성공적으로 접목했다. 그의 진정성과 장인정신에 다양한 세대의 관객들이 함께 울고 함께 웃었다. 이런 의미에서 영화 〈국제시장〉의 성공은 단순히 한 편의 성공적 영화 흥행 사례가 아닌, 세대를 넘어선 공감과 소통의 성공 사례로 기억되어야 한다.

정부와 기업의 경영에도 공감과 소통의 장인정신이 필요하다. 흔히 대국민·대고객 소통 전략을 효율적 국가·기업 경영을 위한 '수단'으로 여긴다. 그러나 얄팍한 수단과 방편으로서의 공감·소통 전략에는 분명히 한계가 있다. 공감과 소통이 정부와 기업 경영의 수단이 아닌 종국적 '목적'으로 분명히 인식되어야 한다. 통치의 최종 목적은 통치행위의 강력하고 즉각적인 관철에 결코 있지 않다. 통치의 궁극적 목표는 국민과 공감의 탑을 견고하게 쌓는 데 있다고 보는 방향으로의 획기적인 인식 전환이 필요하다. 기업도 그 존립 목적이 단기 이윤창출이 아닌 고객과의 교감이라고 본다면 이야기가 달라진다. 그 이후에 따라오는 효율적 국가통치와 기업이윤 제고의 성과는 자연스러운 보너스다.

대통령은 최고 국정책임자다. 국정의 최종 목표를 단순한 경제성장과 복지지수 달성이 아닌 국민의 행복에 두어야 한다. 국민 행복은 공감과 소통지수로 결정됨을 명심해야 한다. 경제성장과 복지지수의 가시적 목표치 달성은 자연스레 따라오는 보너스다. 그렇다면 연두기자회견에서 국민과 대화하는 방식과 내용도 좀 더 달라질 수 있었다. 기업 최고경영자의 관심도 고객과의 공감 및 소통지수에 맞추어져야 한다. 그렇다면 '땅콩회항 사건'에 대한 기업의 대응방식도 달라졌을 것이다.

감독 윤제균은 관객과의 진정성 있는 대화의 장인이다. 평범한 일상의 공간 국제시장에서 관찰해 낸 진심 어린 대화의 소재로 세대를 초월한 공감과 소통을 이끌어 낸 진정한 장인이다. 그에게 천만 관객이라는 대기록은 보너스일 뿐이다. 지금 우리 정부와 기업에 요구되는 것은 치밀한 계산 결과를 바탕으로 한 전략 계획서가 아니다. 공감과 소통을 이끌어 내는 진정성의 메시지가 요청된다. 공감과 소통의 장인만이 할 수 있는 일이다.

팩트체킹: 정치적 주장에 대한 사실검증 필요

|

〈조선일보〉, 2017. 2. 9.

20대 국회가 개원했다. 정치인들은 선거 유세장을 떠나 다시 국회로 돌아왔다. 여전히 국민들은 정확하지 않고 일관성 없는 정치인들의 말을 좇으며 매우 혼란스러워한다. 정치인의 말을 국민들에게 옮기는 역할을 하는 것이 언론이다. 그러나 언론의 글을 좇는 것도 때로는 매우 혼란스럽다. 이러한 혼란은 사회에 유통되는 정보에 대한 신뢰자본의 가치 추락을 의미한다. 말과 글에 대한 불신의 사회적 비용을 줄이고, 나아가 신뢰자본의 가치를 높이기 위한 노력이 바로 '팩트체킹'의 출발점이다.

정치인과 언론인의 말과 글은 '팩트'와 '주장'으로 구성되어 있다. 정당과 정치인, 그리고 언론의 주장은 얼마든지 다를 수 있다. 이것이 민주주의 공론장의 기본 전제이기도 하다. 서로 다른 주장들이 공평한 게임의 룰 속에서 경합하고, 그 결과 국가 정책이 수립, 실행되어야 함이 당연하다.

문제는 정치적 주장들을 뒷받침하는 근거가 과연 무엇인가에 있다. 첫 번째 유형의 정치적 주장은 팩트의 근거가 없이 일방적으로 전달되는 주장이다. 즉, 합리적 근거가 없어 받아들이기 힘든 정치적 주장이 그것이다. 그러나 수용자가 늘 합리적이고 이성적인 것은 아니고, 때에 따라 지극히 감성적인 반응을 하기 때문에 팩트가 없는 주장들도 정치판에서 너무나 자연스레 유통되곤 한다.

두 번째 유형의 주장은 특정한 팩트를 바탕으로 한 주장이지만 팩트와 주장의 연관성이 매우 낮은 경우이다. 즉, 부적합한 팩트가 정치적 주장에 힘을 실어 주며, 나아가 하나의 실효성 있는 정보로 자리 잡게 되는 경우이다. 두 번째 유형의 주장이 갖는 타당도를 검증하기 위해서는 매우 전문적인 식견이 필요하다. 경제, 환경, 과학, 복지 등 분야의 전문가들이 상세히 들여다보지 않는 이상 보통 국민의 눈에는 그럴듯한 주장으로 받아들여질 가능성이 있다.

세 번째 유형의 주장은 적합한 팩트를 근거로 하는 주장이다. 가장 이상적인 유형의 정치적 주장이다. 그 팩트의 적합성에 대한 판단도 역시 전문가의 식견을 필요로 한다.

'팩트체킹'의 목적은 우리 사회에 유통되는 다양한 주장들에 담긴 팩트와 주장의 관계에 대한 검증이다. 매우 예민한 정치적 사안들을 둘러싼 팩트와 주장의 관계구조에 대한 매우 치열한 검증 과정이다. 이런 의미에서 팩트체킹은 단순히 누군가 이야기해 언론에 회자된 사실 여부의 단순 검증보다 한 걸음 더 나아간 고도로 전문화된 논증 과정이다.

팩트체킹은 미국에서 1992년 대통령선거 후보자 발언 검증으로 시작된 탐사언론의 한 영역이다. '폴리티팩트politifact. com', '팩트체크Factcheck. org', '팩트체커The Fact Checker' 등이 많이 알려진 미국의 대표적 팩트체킹 시스템들이다. 언론사가 주관하거나 대학을 기반으로 하는 공익적 팩트체킹 시스템들이다.

우리나라의 경우 2012년 대통령선거 당시 〈오마이뉴스〉에서 시작한 오마이팩트, 그리고 JTBC의 팩트체크 코너 등이 팩트체킹의 선구자로 보인다. 국민들의 정확한 정보를 알 권리를 진작해 준다는 측면에서 매우 고무적인 출발이다. 그러나 아쉬운 것은 보다 중요하고 의미 있는 정치인과 언론의 정치적 주장들에 대한 본격적 검증이 이루어지지는 않고 있다는 점이다.

정치가 매우 예민한 사안이기에 조심스럽다는 점은 이해한다. 그러나 팩트체킹의 꽃은 역시 국가대계에 큰 영향을 끼칠 수 있는 중요한 정치적 주장들의 근거, 즉 주장을 뒷받침하는 팩트에 대한 본격적 검증이다. 미국 팩트체커들의 탐사언론 정신을 다시 생각해 봐야 한다. 팩트체킹은 과다하고 오염된 정보 공해 속에서 사는 국민의 알 권리를 위한 언론의 탐사언론적 도전임과 동시에, 의미 있는 '정보환경 시민운동'으로 자리매김해야 한다고 생각한다.

이미지가 재현하는 사실과 진실

|

〈경희대 대학원신문〉, 2019. 5. 27.

이미지는 거짓말을 한다

우리는 사진 속의 이미지가 결코 거짓말을 하지 않는다고 흔히 이야기한다. 사진은 현상의 정직한 복제라고 보기 때문이다. 사진이 적정 수준 이상의 해상도를 갖는다면 사진 속의 피사체는 현상과 일치할 것이라는 가정을 전제로 하는 것이다. 매클루언Marshall McLuhan, 1911~1980의 핫 미디움과 쿨 미디움 은유에 의하면 사진은 대표적인 핫 미디움이다. 사진은 대표적인 고해상도higher definition 미디움이고, 사진을 보는 우리 수용자는 해독과정에 소극적으로 참여lower participation한다. 이 점에서 사진은 쿨 미디움인 그림과 대비되는 핫 미디움이다.

그러나 사진 속의 사실도 그 자체가 진실은 아니다. 사진은 사진작가의 관점에서 바라본, 현상의 한 단면의 묘사일 뿐이다. 사진작가의 관점은 프레임에 의해 제약을 받는다. 피사체의 측면과 배면을 묘사할 수도 없다. 사진작가는 단지 자신이 서 있는 그곳의 한 관점에서 피사체를 복제할 뿐이다. 이런 점을 잠시 잊은 채 사진 속 피사체의 모습을 진실이라고 본다면 이는 명백한 착시錯視이고 착각이다.

우리 일상의 이미지들도 그러하다. 이미지는 아무리 높은 해상도로 구현되더라도 그것이 현상의 모두를 설명하지 못한다. 그럼에도 우리는 이미지를 진실이라고 믿는다. 사진이 대표적인 핫미디움이기에 수용자의 해독 참여도가 낮다는 점이 여기에도 적용된다. 비판적으로 보지 않는다면 우리는 진실이라는 가면을 쓰고 다가오는 이미지의 속임수에 속수무책일 수밖에 없다. 이미지의 재현representation은 분명히 현실 그 자체의 제시presentation가 아니기 때문이다.

사실과 진실의 문제

글이건 이미지이건 우리가 그 속에서 진실truth을 찾는 것은 늘 매우 어려운 일이다. 그래서 역사가도 저널리스트도 진실보다는 사실facts의 문제에 더욱 집착한다. 우리가 관찰한 현상이 사실이라면 그 자체가 진실에 가까울 가능성이 더 크다는 전제 때문이다. 19세기 독일 역사가 랑케Leopold von Ranke, 1795~1886의 실증주의적 역사학 방법론의 출발점이 여기에 있다. 엄밀하게 확인과 검증이 가능한 자료, 즉 확연한 사실만이 역사 기술의 사료가 될 수 있다는 관점이다.

20세기 영국의 역사가 콜링우드Robin G. Collingwood, 1889~1943는

이와 대비되는 역사학 방법론을 제시한다. 콜링우드에게 역사는 사실에 기초한 역사가의 해석과 영감의 산물이다. 실증적 사료를 바탕으로 한 역사가의 상상력이 역사의 해석에 생명력을 불어넣으며, 그것이 역사의 진리에 접근하는 원동력이라고 보는 입장이다. 이는 20세기 후반 신역사주의 방법론적 근원이 됐다.

저널리즘의 영역에서도 사실과 진실의 논쟁은 계속되어 왔다. 저널리스트는 일상의 사건의 사실을 기록한다는 측면에서 실증주의적 역사가의 소임을 수행한다. 그리고 나아가 사실에 대한 해석을 통해 진실을 모색한다는 측면에서 신역사주의 역사가의 사명을 자임하기도 한다. 이러한 과정에서 글뿐만 아니라 이미지의 힘을 빌리기도 한다. 그 이미지는 그것이 사진이건 그래픽이건 간에 불가피하게 프레임의 제약을 받게 된다. 그래서 진실의 추구가 때때로 진실의 왜곡과 오류를 야기하는 시행착오를 피할 길이 없다. 진실은 사실보다 한 걸음 더 나아간 전지적omniscient 시점을 요구한다. 그런 점에서 제한적 시점의 이미지가 진실을 묘사할 수 있다는 가정은 매우 비현실적이다.

유튜브 시대의 사실과 진실

출판, 신문, 방송을 통한 일방향적 정보와 지식 유통 시대는 새로운 네트워크 테크놀로지 시대의 패러다임에 의해 구시대의 유물로 사라져 가고 있다. 2018년 자료에 의하면, 전 세계에서 1분

동안 약 300시간 분량의 동영상 이미지가 유튜브 공간에 탑재되고 있다. 오늘 하루 동안 올라오는 유튜브 동영상 분량은 약 43만 시간을 상회하는 것으로 집계된다. 이는 우리가 하루 24시간 계속 시청하더라도 50년을 봐야 하는 엄청난 분량이다.

유튜버라고 불리는 이미지 생산자의 수는 약 5천만 명에 이른다. 유튜브는 76개 언어로 88개 국가에 이미지와 스토리를 공급하고 있다. 전 세계 인터넷 사용자의 약 95%가 유튜브를 보고 있다. 다양한 취향, 생각, 의견을 공급하는 유튜브는 그 자체만으로도 이미 대단한 권력이다. 오늘날 인류는 바야흐로 유튜브 시대에 살고 있다.

유튜브를 통해 유통되는 다양한 취향, 생각, 의견이 사상과 표현의 글로벌 민주주의를 불러왔다는 자유주의적 시각도 있다. 그러나 유튜브 유통시장의 급격한 팽창이 우리 사회의 사실과 진실 가치의 추락을 야기하고 있다고 보며 이를 심히 우려하는 공동체주의적 관점도 있다. 우리 사회의 역사가와 저널리스트의 공동체주의적 역할을 통제받지 않는 유튜브 이미지들이 대체했을 때에 우리 사회는 사실과 진실의 암흑기를 맞게 된다.

새로운 이미지와 정보 환경에 대응하는 시민사회운동

유튜브가 선두에서 주도하는 네트워크 시대, 이미지 홍수의 시대에, 우리는 이미지와 정보 유통환경의 새로운 질서를 위한 건강한 시민운동의 필요성을 절감한다. 환경 시민운동이 우리 사회 환경의 완전한 복원을 보장하지는 않는다. 그러나 이즈음 미세먼지 환경의 실제적 정화와 아울러 시민의 경각심에 호소하는 환경 운동에 버금가는 이미지와 정보 환경의 정화를 위한 시민사회운동의 필요성은 아무리 강조해도 지나치지 않다. 무책임하고 검증되지 않은 이미지의 난무가 시민의 자율적인 정치적 풍향계를 마비시킬 수도 있다면 이는 분명히 묵과될 수 없다.

2017년 미국 대통령 선거는 이미지 정치의 과잉이 현실정치 판도를 좌우한 극명한 사례다. 전 세계의 분쟁과 난민에 대한 이미지는 이들에 대한 우리의 생각을 고정화할 우려가 있다. 누군가는 오염된 이미지 시장의 위험성에 경종을 울려야 하고 순진한 수용자, 순진한 시민을 계몽하는 역할을 해야 한다.

우선, 유튜브를 포함한 다양한 소셜미디어가 양산하는 이미지에 대한 체계적이고 심층적인 모니터링이 시민사회운동의 출발점이어야 한다. 이를 바탕으로 소셜미디어 사업자와 콘텐츠 공급자들의 자기 규제의 분명한 명분과 방법론을 제공해야 한다. 이들 스스로가 일차적 게이트키퍼로서의 역할을 성실히 준수하고 담당하도록 유도해야 한다.

한편, 네트워크 시대 콘텐츠 공급자와 수용자를 대상으로 한 미디어 리터러시 철학에 대한 진지한 성찰, 그리고 체계적인 시민교육 과정에 대한 논의가 체계적으로 이루어져야 한다. 다양한 문화, 취향, 의견의 시대의 다문화적 삶의 윤리가 구성원 모두에게 체감될 수 있는 방향으로의 노력이 반드시 필요하다.

이미지 시대, 미래 시민사회의 방향

우리 일상에 다가선 5G 시대는 이미지와 정보 과잉 시대의 또 다른 국면을 예고한다. 새로운 테크놀로지는 문명의 이기임에 틀림없다. 새로운 경제와 산업 시대라는 희망찬 인류의 미래를 불러오는 새로운 테크놀로지임도 자명하다. 그러나 테크놀로지를 그대로 방치하면 괴물이 된다. 여기에 인류 의지의 적극적인 개입이 불가피하다.

근대 역사의 원동력은 자유주의와 이를 보완하는 공동체주의의 교차적 상호 응전에 있었다. 테크놀로지는 늘 인류의 자유의 폭을 대폭 확장해 가는 방향으로 발전해 왔다. 이제는 우리에게 주어진 자유의 깊이를 숙고하는 공동체의 대응이 필요할 때다. 이미지의 시대에 와해될 우려가 있는 사실과 진실의 성을 견고하게 다시 구축하는 것이 건강한 미래 시민사회의 중요한 과제다.

유튜브에 올라타고,
유튜브를 따라잡는 통합 지식 플랫폼

|

〈문학사상〉, 2019. 12. 31.

유튜브: 데이터로 무장한, 지식산업의 최강자

혹자는 이 시대를 '유튜브 시대'라고 한다. 유튜브가 대세라고 다들 이야기하는 이 시점에 전통적 지식산업의 대표 격인 서지출판 산업의 현재와 미래를 진단하는 것은 매우 흥미로운 일이다. 전 세계 유튜브 현황(2919년 6월 현재)을 간략히 살펴보면, 이 시대를 유튜브 시대라고 하는 근거는 충분해 보인다.

- 전 세계 인터넷 이용자의 95%가 유튜브를 이용한다.
- 유튜브는 76개 언어로 88개국에 서비스를 제공한다.
- 전 세계에는 5천만 명 이상의 유튜버가 있다.
- 전 세계에서 1분 동안 약 300시간 분의 유튜브 콘텐츠가 업로드된다. 전 세계에서 오늘 하루 업로드되는 유튜브 콘텐츠를 모두 보려면 꼬박 50년이 걸린다.

이쯤 되면 오늘날의 유튜브가 인류 역사상 가장 큰 파괴력을 가진 미디어 플랫폼이라는 데에 동의하지 않을 수 없다. 과거와 현재의 어떤 매체도 이 정도의 영향력을 보인 바가 없다. 출판계에 회자되는 베스트셀러도, 신문의 구독률과 방송 프로그램의 시청률도, 그리고 어떤 흥행 영화의 극장 관객 수도 감히 범접하기 힘든 수치다. 이는 불과 10년 정도의 역사를 가진 4G 통신 테크놀로지에 기반한 스트리밍 플랫폼streaming platform 서비스로 인해 가능해졌다.

엄청난 콘텐츠의 양과 소비자 집단의 크기만이 유튜브가 우리 사회의 가장 지배적인 미디움으로 자리 잡았다는 근거의 전부는 아니다. 머신러닝 알고리즘에 전환된 유튜브 개인 소비행위 데이터는 우리 사회와 문화의 트렌드를 그대로 반영한다. 유튜브는 이 데이터를 바탕으로 확고한 기반의 비즈니스 모델을 만들어 가고 있다.

- 유튜브 소비자의 62%가 남성이다. 남성 소비자가 가장 즐겨 찾는 콘텐츠는 축구 중계와 전략 게임이다.
- 여성 소비자가 가장 즐겨 찾는 콘텐츠는 미용 콘텐츠다. 35~55세의 유튜브 소비자가 가장 빨리 성장하는 소비자 집단이다.
- 성인 유튜브 소비자의 75%는 교양 혹은 시사 현안보다 과거의 향수가 담긴 콘텐츠를 찾는다.

- 80%의 유튜브 사용자는 미국 밖에 있는 소비자다.
- 전 세계 소규모 비즈니스의 9%가 유튜브를 매개로 이루어진다.

유튜브는 전 세계 소비자들의 유행, 취향, 관심, 생각, 의견을 실시간으로 분류, 분석해 소비자들에게 추천 서비스를 친절하게 제공한다. 여기에 유튜브의 모 회사인 구글의 검색 정보 데이터가 더해져서 우리가 상상할 수 있는 최고 수준의 추천 서비스가 만들어지는 것이다. 유튜브는 더 이상 단순한 동영상 콘텐츠 제공 서비스가 아니며, 이미 강력한 맞춤형 지식 및 정보 검색 서비스로 진화했다. 이제 데이터로 무장한 유튜브는 명실공히 지식산업의 최강자 플랫폼으로 자리매김한 것이다. 2005년 출범한 이후 불과 14년 만에 기존의 지식산업인 출판, 신문, 방송, 극장이 감히 넘보질 못할 성을 견고하게 쌓았다.

초고속성, 초연결성, 초저지연성을 보장하는 5G 통신 테크놀로지가 이미 시장에 도입됐다. 5G 테크놀로지가 우리의 일상에 보편화되면 유튜브와 기존 지식산업의 간극은 더 커질 것으로 보인다. 이러한 상황에서 기존 지식산업이 업계 최강자인 유튜브와 정면 승부한다는 것은 매우 난망해 보인다. 또한 최선의 선택도 아니다.

유튜브라는 플랫폼에 올라타서 동반 성장하는 전략이 훨씬 더 현실적이다. 유튜브를 따라잡고 넘어서는 미래 플랫폼의 구상은 다음 단계의 장기적 기획이 되어야 한다. 14년 전 시작한 유튜브가 동영상 공유 스트리밍 서비스라는 혁신으로 이루어졌다면, 미래에 이를 추월할 또 다른 혁신 서비스도 불가능할 이유가 없다.

뜨거운 플랫폼인 서지출판을 넘어서

캐나다의 철학자 마셜 매클루언은 《미디어의 이해》(1964)에서 우리 시대의 미디어를 "인간의 감각의 확장"이라고 설명했다. 이어서 "미디움이 곧 메시지"라고 매우 단언적으로 얘기했다. 지나친 기술결정론적 시각이라는 비판에도 불구하고 매클루언의 설명은 현재에도 상당히 유효하다. 서지출판 미디움은 대표적인 '핫 미디움hot medium'이다. 매우 해상도가 높고high definition, 따라서 독자의 개입과 참여도는 매우 낮은low participation 미디움이다. 대학 강의실에서의 일방향적 강의, 라디오, 전화, 극장, 사진 등의 미디어는 모두 고해상도, 저참여도의 특성을 갖는 핫 미디어로 분류된다.

반면, 그림으로 그려진 애니메이션은 서지출판보다 상대적으로 낮은 해상도와 높은 참여도를 불러오는 '쿨 미디움cool medium'이다. 강의실에서의 일방향적 강의보다는 세미나실에서의 쌍방향적 토론이, 전화보다는 일상에서 얼굴을 맞댄 실제 대화가, 극장보다는 거실의 텔레비전이, 사진보다는 그림이 상대적으로 더 차가운 쿨 미디어다.

매클루언은 '단단한 근대hard modernity'의 완성에 기여한 서지문화 중심의 구텐베르크 은하계에 대한 대안으로 전자 미디어 시대의 전자 은하계electronic galaxy에 주목했다. 그 속에 인간감각 확장의 무한 가능성을 봤다. 핫 미디움의 한계를 극복한 쿨 미디움의 등장에 주목한 것이다.

매클루언의 통찰력이 현재와 미래의 서지출판산업에 시사하는 바는 무엇인가? 이 시대는 고해상도, 저참여도의 특성을 갖는 핫 미디움의 시대가 아니다. 이 시대는 정밀한 글보다는 인상적 이미지를 통한 표현을 선호하는 시대다. 일방향적 지식 전달보다는 쌍방향적 대화가 중시되는 시대다. 이러한 의미에서 이 시대는 상대적으로 차가운 쿨 미디움의 시대다.

최근 서지출판 분야에서 쿨 미디움의 시도 사례가 보임이 매우 흥미롭다. 월정액 회원 대상 독서 앱 서비스 '밀리의 서재', 글이 작품이 되는 공간을 표방하는 '브런치'가 대표적인 사례다. 이들은 '뜨거운' 서지 중심의 전통적 출판산업에 참여와 추천을 통한 '차가운' 서비스를 접목해 새로운 소비자를 찾아 나선 매우 혁신적인 시도들이다. 독자는 과거의 서지출판이 아닌 새로운 방식으로 정보와 지식을 찾아서 읽고, 또한 스스로를 표현하기 원한다.

'밀리의 서재'와 '브런치'는 '뜨거운' 플랫폼인 서지출판을 넘어선, 새로운 읽기와 쓰기 플랫폼이다. 이 공간에서는 과거의 수동적 독자가 능동적 소비자로 독서를 주도한다. 또한 스스로 이야기의 주체, 즉 작가가 되기 원하는 욕구의 분출 공간을 만들었다는 점에서 이미 매우 혁신적이다. 여전히 문자 중심의 표현과 나눔의 공간이라는 한계는 있다. 여기에서 한 걸음 더 나아간다면 이미지와 구술언어로 지식과 생각을 표현하는 플랫폼을 생각할 수 있다. 독자가 언제든 매우 편한 방식으로 작가가 될 수 있는 공간을 상상해 보는 것이다. 이는 바로 오늘날의 유튜브와 비슷한 모양새의 또 다른 플랫폼이 될 것이다.

아우라의 복원이 가능한가

독일의 비판철학자 발터 벤야민Walter Benjamin, 1892~1940은 《기술복제시대의 예술작품》(1935)에서 근대성을 공고히 하는 데 기여한 기계복제, 즉 출판인쇄 기술이 역설적으로 '상실'의 시대를 불러왔음을 매우 예리하게 지적한다. 이는 곧 경험, 기억, 의식의 상실을 의미한다. 벤야민은 이후 시대의 매클루언과는 달리 당시 관점에서 곧 다가올 전파 미디움에도 큰 기대를 갖고 있지 않았다. 벤야민은 전자 미디움이 인간의 진정성을 회복할 가능성은 희박하며, 따라서 이를 통한 '아우라aura'의 회복도 불가능하다고 봤다.

그러나 그가 1930년대에 상상한 미래의 전파 미디어는 여전히 해상도가 높고 참여도가 낮은 일방향적 '핫' 미디움이었을 가능성이 높다. 21세기에 등장할 또 다른 '쿨' 미디움에 대한 상상과 예견에는 이르지 못했다.

이 점과 관련해서 미국의 비판철학자인 마크 포스터^{Mark Poster,} 1941~2012의 설명이 매우 시사적이다. 포스터는 그의 저서 《제 2 미디어 시대》(1995)에서 제 2미디어 테크놀로지의 탈중심적, 다중심적, 그리고 재중심적 특성에 주목한다. 지금 20여 년 전 출판된 《제 2미디어 시대》를 다시 읽으면, 단지 텍스트 메시지 전달만이 가능했던 2G 테크놀로지 시대에 3G, 4G를 넘어 5G 테크놀로지의 특성까지도 상상적으로 예측한 서술이었다는 점이 매우 흥미롭다.

포스터가 언급한 전자 판옵티콘 시대의 비유는 오늘날 데이터 시대의 일상의 프라이버시 문제와 절묘하게 중첩된다. 특히 포스터가 더 이상 산업혁명 이후의 생산양식이 아닌 새로운 정보양식의 중요성을 강조한 점은 매우 의미가 크다. 서지출판이 근대 산업혁명 시대 이후의 지식 플랫폼이었다면, 제 4차 산업혁명 이후의 지식의 중심에는 새로운 혁신적 플랫폼이 있을 것이라는 예측이 그것이다.

소비자의 데이터를 주 영양분으로 먹고 사는 5G 테크놀로지 시대 미디어가 궁극적으로 인간의 진정성과 아우라를 복원할 수 있을까? 유튜브가 과연 그 역할을 수행할 수 있을까? 이 문제에 대한 답을 단언하기는 아직 이르지만, 몇 가지 고려해야 할 관전 포인트는 분명하다.

첫 번째 관전 포인트는 미래 테크놀로지의 완성도 문제이다. 5G 테크놀로지의 보편화 시대에 VR, AR, 360도 관전 서비스, 무인승용차, 스마트 홈, 스마트 오피스 등 새로운 서비스의 미래 완성도를 조심스레 살펴봐야 한다.

둘째, 새로운 테크놀로지에 대한 인간의 적응 문제를 고려해야 한다. 결국 테크놀로지를 소비하는 것은 인간의 몫이다. 새로운 테크놀로지가 인간의 보편적 정서에 어떤 방식으로 접근하는지, 그리고 인간이 이를 어떻게 수용하는지가 관건이다. 또한 이를 인간 사회의 제도와 규범이 어떻게 수용하는가 하는 점에도 주목 해야 한다.

셋째, 오늘날의 유튜브와 같이 고도로 상업화된 새로운 데이터 미디어 서비스 시대의 새로운 플랫폼이 과연 인간의 진정성 회복 에 대한 벤야민의 기대에 부응할 수 있는가 하는 문제다. 유튜브 가 투영하는 인간의 모습에서 우리는 아우라의 복원을 상상할 수 있는가? 아니면 또 다른 굴절된 인간상의 투영일 것인가? 탈중심 적, 다중심적, 재중심적인 제 2미디어 시대의 대표주자인 유튜브 에게 우리는 어떤 기대를 걸고 있는가?

유튜브 올라타기

유튜브가 이 시대의 가장 영향력이 큰 미디어 플랫폼이라는 점을 인정한다면, 서지출판산업은 일단 유튜브에 올라타야 한다. 오늘날의 출판산업이 더 이상 핫 미디움이 아닌 쿨 미디움으로서, 일방향이 아닌 쌍방향 미디어로서 소비자를 만나기 원한다면 유튜브 플랫폼이 이 시대의 가장 현실적으로 유용한 협력 후보임이 분명하기 때문이다.

그 근거로서 첫째, 유튜브 플랫폼은 진입장벽이 매우 낮다. 누구든 원하면 유튜버가 될 수 있다. 둘째, 진입 후 운용경비가 저렴하다. 따라서 누구든 1인 미디어 크리에이터로 활동하는 데에 큰 부담이 없다. 셋째, ICT 테크놀로지에 대한 전문적 지식과 경험이 당장은 요구되지 않는다.

그래서 서지 중심의 출판업이 단기적으로 별도의 테크놀로지 투자 없이 진입과 운용이 가능한 플랫폼이다. '밀리의 서재'와 '브런치'가 새로운 유형의 출판 서비스를 제공하고 있지만, 여전히 문자를 매개로 한다. 유튜브에 탑재된 콘텐츠는 문자가 아닌 이미지와 구술로 이야기한다. 문자가 자막의 형태로 빈번히 쓰이기는 하지만 이는 보조적 표현양식일 뿐이다. 유튜브의 기본 표현양식은 여전히 이미지와 구술이다. 이미지와 구술은 문자 시대에 상실한 아우라의 회복 가능성을 열어 준다.

모든 유튜버가 비즈니스의 승자가 되는 것은 물론 아니다. 다수의 유튜버는 시장에서 도태하고, 결국 소수의 창의적 크리에이터만이 승자가 된다. 시장에서의 성공을 위해서는 몇 가지 전제가 따른다.

첫째, 문자를 매개로 한 서지 콘텐츠를 정교한 이미지와 구술로 옮기는 창의적 번역 과정이 필요하다. 작가가 직접 글을 읽을 수도 있고, 유럽 중세 음유시인의 복귀를 생각할 수도 있다. 때에 따라서는 이미지 감독과 음향 감독의 개입도 필요하다. 결국은 잘 짜인 크리에이티브 팀이 필요할 것이다.

둘째, 콘텐츠 스타일에 대해서도 창의적 접근이 필요하다. 유튜브 공간에서 서지의 독자는 이미지와 구술의 능동적 소비자로 변신한다. 또한 독자가 화자, 혹은 작가로 변신하기도 한다. 문자 텍스트만이 스토리텔링의 소재일 이유도 없다. 작가의 일상, 사색과 집필 과정, 작품 배경, 작품 후기 등이 모두 창의적 스토리텔링의 소재다. 또한 콘텐츠는 국내 시장만이 아닌 글로벌 시장을 대상으로 기획되고 제작되어야 한다. 유튜브에 올라타는 수고를 기꺼이 감수하면서 국내 시장에만 안주하는 것은 스스로의 직무유기에 다름 아니다. 이를 위해서는 영어를 포함한 외국어 전문 제작자가 필요하다.

셋째, 출판 유튜버의 순탄한 자리매김을 위해서 일종의 유통 에이전시인 MCNMulti-Channel Network이 반드시 필요하다. MCN은 1인 크리에이터를 위해 전문적인 제작, 투자 자문을 담당하는 동시에 크리에이터와 유튜브 사이에서 양자를 매개하는 역할을 하는 에이전시다.

전통적 출판산업에게는 매우 낯선 유튜브 플랫폼에 올라타기

원한다면 MCN을 통한 접근이 가장 위험 부담을 줄이는 방안이다. 물론 출판업계가 공동 투자로 전문 MCN을 설립하는 것도 매우 유용한 실제적 전략이 될 수 있다.

유튜브 따라잡기

'유튜브 올라타기'가 출판산업의 새로운 도약을 위한 단기 과제라면, '유튜브 따라잡기'는 장기적 관점에서 추진되어야 할 과제다. 결국 자신의 플랫폼이 언젠가는 반드시 필요하다는 얘기다. 플랫폼의 승자가 바로 미래 지식산업의 궁극적 승자이기 때문이다, 미래의 대학 또한 지식과 교육의 플랫폼이 되어야 한다. 그 플랫폼에 암묵지적 미래 지식과 혁신적 교육 프로그램을 탑재하는 것이 마로 미래 대학의 경쟁력이다.

미국의 유력 언론사 〈뉴욕타임스〉는 최근 '5G 저널리즘' 시대를 선언했다. 〈뉴욕타임스〉가 5G 통신사인 버라이즌과 협력하여 전 세계 뉴스와 정보 콘텐츠를 가장 빠른 시간 내에 대량 수급하기로 한 것이다. 〈뉴욕타임스〉는 이미 종이신문으로 시장에서 승부하는 방식의 경영전략을 포기했다. 미국의 대표적 언론사가 전 세계의 첨단 지식과 정보를 축적하여 소비자에게 제공하는 지식과 정보 플랫폼으로서의 출범을 알린 것이다.

대학과 언론의 혁신이 출판산업에 시사하는 바는 매우 크다. 출판산업이 미래에도 대표적인 지식산업의 위상을 계속 지켜 가기 원한다면 지식과 정보 스트리밍 플랫폼으로 완벽하게 거듭나는 산고産苦를 반드시 치러야 한다. 이를 위해서는 현재의 서지 중심 출판산업의 관성적 문화에서 완전히 자유로워져야 한다. 이를 위해서는 미래에 대비하는 경영전략과 조직운용 재정비가 필요하다. 투자자본, 전문경영인, 통합 조직관리, ICT 테크놀로지 전담 팀의 혁신적 협업이 필요하다.

현재 우리 출판업계 입장에서 매우 지난至難한 과제로 보일 수 있다. 그러나 가야 할 길이라면 반드시 가야 한다. 필요하다면 경쟁 출판산업들 간의 적극적 제휴를 이끌어 내야 한다. 필요하다면 대학과 기존 미디어를 포함한 다른 지식 및 엔터테인먼트 산업과의 연계도 적극적으로 고려해야 한다.

통합 지식 플랫폼으로서의 정체성

장기적 관점에서 미래 출판산업의 방향성은 명약관화明若觀火하다. '통합 지식 플랫폼'으로의 방향성이 그것이다. 전통적 출판산업은 인간의 지성과 감성을 서지 위에 문자의 형식으로 담아냈다. 그러나 이 시대는 디지털 공간에 이미지와 구술로 다시 적어내야 하는 시대다. 유튜브가 대세인 시대라고 해서 서지출판산업의 미래가 반드시 비관적인 것만은 아니다.

전통적 서지출판 문화는 사라지지 않고 계속 생존할 것이다. 텔레비전의 시대에도 라디오와 영화는 살아남았다. 신문과 출판도 계속 살아남았다. 그러나 문제는 굴욕적인 생존을 감수할 것인가, 아니면 혁신적인 재도약을 도모할 것인가 하는 데에 있다. 혁신 없는 서지 중심 출판산업만이 계속된다면, 출판의 전체 지식산업에서의 위상은 크게 위축될 것이기 때문이다.

이 시점에 서지출판산업에 요구되는 것은 스스로의 정체성 재정립이다. 열린 마음으로 새로운 환경에의 적응을 위한 열정을 재정비해야 할 필요성은 분명히 있다. 보다 차갑고, 인간의 진정성과 아우라를 회복함과 동시에, 탈중심·다중심·재중심 사회를 주도하는, 통합 지식 플랫폼으로서의 정체성이 필요하다. 유튜브에 올라타고, 나아가서 유튜브를 따라잡는 방향으로의 혁신적 사고의 전격적 도입이 절실하다.

'팬데믹'만큼 무서운 '인포데믹'

|

〈고대신문〉, 2020. 4. 9.

최근 영국에서 코로나19 바이러스가 5G 이동통신 전파를 경유해 퍼지고 있다는 황당한 뉴스가 유포됐다. 흥분한 군중이 5G 기지국에 불을 지르는 사건까지 발생했다. 미국과 중국의 생물무기 전쟁설, 미국의 인구조절 음모설도 나돌고 있다. 바이러스 팬데믹만큼 무서운 인포데믹infodemic으로 인해 전 세계가 이중 고통을 겪고 있다.

인포데믹은 불확실성·불안·불신이라는 '3불不' 숙주에 기생한다. 인류 역사상 처음 겪는 일이고, 그래서 백신도 치료제도 아직 없으니, 코로나19에 대한 불확실성은 당연히 높다. 불확실성이라는 인식체계는 곧 우리 안의 불안심리라는 감정체계로 발전한다. 그다음에는 불신이라 불리는 매우 구체적인 사회적 태도로 진화한다. 이러한 과정을 거쳐, 불확실성·불안·불신은 인포데믹이 페이스북, 트위터, 유튜브를 통해 광범위하게 유통할 수 있는 최적 숙주로 자리 잡아 간다.

정부와 언론이 신뢰를 잃을 때, 인포데믹은 더욱 힘을 얻는다.

그래서 사람들은 그럴듯하게 포장된 유튜브 정보에 귀를 기울이게 된다. 그리고 자신이 믿고 싶은 것만 찾아본다. 그 과정에서 축적된 유튜브 검색 데이터는 나에 대해 나보다 더 잘 안다. 내가 믿고 싶어 하는 정보만 골라서 내게 보내 준다. 그래서 개인의 확증편향confirmation bias이 더욱 강화된다. 개인의 확증편향은 소셜미디어 하이퍼링크를 거쳐 사회적 확증편향으로 업그레이드된다. 내 주위의 많은 사람들도 같은 태도를 가졌다고 믿는 제3자 효과를 거치면서 인포데믹의 영향력은 걷잡을 수 없이 증폭된다.

사람들 사이에 높은 벽이 쌓이고, 사람들은 자신의 친구들과만 이야기한다. 사회가 건강한 공동체 의식을 상실하고 각자도생各自圖生의 길을 가면, 우리에게 미래는 없다. 현실적으로 당면한 팬데믹 시대를 헤쳐 나가기 위해, 세계시민의 자발적인 이해와 협력은 절실하다. 이것이 무너지면 대도시의 바이러스 방어벽이 뚫린 것과 다름없다. 팬데믹과 아울러 인포데믹의 무서움을 인식해야 하는 이유가 여기에 있다.

2019년 말 현재, 전 세계 인터넷 사용자의 95%가 유튜브를 이용한다. 전 세계에는 5천만 명 이상의 유튜버가 있고, 이들은 1분 동안 약 300시간 분량의 콘텐츠를 업로드한다. 한 개인이 오늘 하루 전 세계에서 업로드된 콘텐츠를 모두 보려면 꼬박 50년이 걸린다. 이 엄청난 정보 속에는 유용한 정보와 소일거리도 물론 많다. 그러나 실상 그 품질은 아무도 보장해 주지 않는다. 실제로 우리는 적절한 보건·의료 시스템이 없는 정보환경 속에서 살고 있다.

소셜미디어와 글로벌 미디어 플랫폼의 자율규제를 이야기하고는 있지만, 자율규제 방식으로 해결하기에는 너무 큰 괴물이 됐다. 초국가적 글로벌 미디어여서 개별 정부 규제는 실효적이지도 않다. 최근 영국·프랑스·독일 등 유럽 국가 정부들이 각각 '온라인 유해 백서'(2019), '정보조작 대처 법안'(2018), '네트워크 시행령'(2018) 등을 통해 인포데믹 대처 방안을 활발히 논의하고 있음은 매우 고무적이다. 모두 표현의 자유를 저해하지 않는 선에서 국가 간 공조를 통한 인포데믹 대처의 필요성에 동감하고 있다. 우리 정부와 학계도 더 늦기 전에 이 문제에 대한 실제적이고 구체적인 논의의 장을 열어야 한다.

인포데믹에 대처하기 위한 백신과 치료제는 다름 아닌 '성숙한 시민사회' 안에 있다. 시민들 스스로의 정보·뉴스에 대한 이해와 활용 능력literacy에 대한 훈련으로 불확실성 시대의 불안과 불신이라는 숙주를 제거해야 한다.

매일 접하는 뉴스의 정보원源이 과연 누구인가에 대해 계속 질문해야 한다. 확실한 팩트를 전하는 뉴스인지 계속 확인해야 한다. 자기 자신과 사회 공동체가 혹시나 확증편향이라는 기저질환을 갖고 있지 않은지 계속 물어야 한다.

사이버 공간에서도 적절한 '사회적 거리두기'가 필요하다. 지

인에게 하이퍼링크를 걸기 전에 한 번 더 생각해 보기를 권고한
다. 팬데믹만큼 무서운 인포데믹으로부터 우리 스스로를 지키는
일은 바로 우리 자신이 시작해야 한다.

자유는 산소다

|

아침을 열며, 〈한국일보〉, 2021. 3. 8.

가짜뉴스는 '3불不' 체인 숙주를 먹고 산다. 상황의 '불확실성'이 정서적 '불안'을 야기하고, 그 결과로 사회적 '불신'이 강화되는 체인 숙주가 그것이다. '확증편향'이라는 기저질환이 있다면 가짜뉴스는 우리에게 더 치명적이다. 사람들은 보고 싶은 것만 보고, 믿고 싶은 것만 믿게 된다. 이로 인한 여론의 양극화는 우리 사회의 치명적 중증 질환으로 발전한다.

가짜뉴스를 없애면 된다고 단순히 생각할지 모르지만, 이는 대단히 비현실적이다. 무균無菌 청정사회는 불가능하다. 그래서 현대 의학은 바이러스를 일일이 잡으러 뛰어다니는 방식으로 대응하지 않는다. 대신 백신과 치료제로 인체를 바이러스의 공격으로부터 지켜 간다.

최근 여당에서 발의한 가짜뉴스에 대한 징벌적 보상제도는 우리 사회의 가짜뉴스를 발본색원拔本塞源하기 위해 직접 뛰어다니겠다는 얘기다. 매우 현실성 없고, 또한 위험한 접근이다. 무한대의 소셜미디어와 스트리밍 콘텐츠에 의해 유통되는 가짜뉴스

216

바이러스를 무슨 수로 모두 잡겠다는 얘기인가. 선별적 응징이라는 정치적 의혹을 벗어날 묘수는 있는가. 더욱이 가짜뉴스의 징벌 대상에 언론을 포함하는 것은 인체의 세포가 숨 쉴 공간을 갖지 못해 생기는 치명적 역기능을 간과하고 있다는 점에서 매우 위험하다.

자유는 산소다. 사회 유기체 내부에서 산소의 흐름은 건강한 생존을 위한 필수요건이다. 자유의 산소가 폐에서 심장을 통해 뇌와 전신에 제대로 공급되지 않으면 그 유기체는 바로 생명을 다한다. 공기 속에 불순물이 있다고 산소의 공급을 차단해서는 안된다. 시민사회 전체가 건강한 호흡을 할 수 있도록 도와주면서, 백신과 치료제 같은 보다 스마트한 방법으로 대처해야 한다.

인류 역사의 건강한 진보에는 늘 자유의 정신이 있었다. 16세기 유럽 종교개혁은 모든 신앙인이 신 앞에 독립적으로 서는 자유를 통해 중세교회의 폭정을 극복했다. 미국 독립혁명과 프랑스혁명에서 외친 자유정신은 서구 민주주의의 서막이었다.

100년 전 3·1운동은 암울한 식민시대를 벗어나기 위한 자유운동이었다. 1987년 민주화운동은 전제통치를 민주정치로 진보하게 한 시민 자유운동이었다. 사회의 진보를 얘기할 때 반드시 자유정신의 진보를 함께 얘기해야 하는 이유가 역사 속에는 얼마든지 있다.

가짜뉴스가 건강한 시민사회를 위협하는 심각한 문제라는 점에는 동의한다. 그것이 정치적으로 기획된 가짜뉴스라면 더 큰 문제다. 그러나 가짜뉴스라는 빈대 잡느라 표현의 자유라는 초가삼간을 모두 태울 수 있는 법제에는 동의할 수 없다.

가짜뉴스 바이러스 창궐은 우리만의 문제가 아니다. 전 세계가 '인포데믹'이라고 불리는 가짜뉴스 팬데믹으로 고통을 겪고 있다. 독일, 영국, 프랑스 정부는 최근 구체적이고 엄격한 규제 방안을 이미 내놓았거나 준비 중이다. 그러나 이들 모두 규제의 대상을 글로벌 소셜미디어와 스트리밍 플랫폼에 한정하고 있다. 언론을 또 다른 방식으로 제어하는 것은 부작용이 너무 크기 때문이다.

언론에 문제가 없다는 것이 아니다. 언론은 표현의 자유와 사회진보의 숭고한 역사적 의미에 비추어 스스로를 엄중히 성찰해야 한다. 자정적 실천 방안을 적극적으로 찾고 수행해야 한다. 팩트가 곧 백신이고 치료제다. 그래서 팩트를 확인하고 또 확인해야 한다. 언론이 산소 같은 자유에 수반되는 책무성을 상실한다면 결국 시민사회에서의 퇴출을 피하기 힘들다는 것을 명심해야 한다.

인종감수성 높은 국제도시 서울을 만들어야

|

아침을 열며, 〈한국일보〉, 2021. 3. 29.

사람은 누구나 이기적 유전자를 갖고 있다. 개인의 행복추구권은 헌법이 보장하는 기본권이다. 그러나 개인이 자신의 행복에만 집착해 타인을 과도하게 경계하고 혐오를 표출하는 것은 문제다. 개인적 혐오가 집단적 혐오로 확대되면 문제는 더 커진다. 우리와 타인의 편 가르기를 통해 만들어지는 집단 정체성은 스스로의 분노 표현과 폭력 행동을 정당화하는 수준까지 쉽게 확대된다. 서구 사회의 이슬람포비아, 나치 독일의 유대인 혐오와 홀로코스트는 통제되지 않은 이기적 유전자의 집단 자가증식이 초래한 최악의 사례들이다.

코로나 팬데믹과 싸워 온 지난 1년간 지구촌 곳곳에서는 인종 간 상호 불신과 의혹, 분노와 혐오의 징후들이 매우 뚜렷이 나타났다. 국가들이 앞다퉈 국경을 봉쇄하고, 특정 국민의 출입국을 제한하고, 백신 수입을 위해 치열히 경쟁하는 살벌한 분위기 속에서 이미 예견된 결과였다.

서구의 시각에서 동아시아인은 바이러스의 원인 제공자로 지목되어 차가운 시선과 손가락질을 받고 있다. 아시아인의 눈에 서구인은 공공장소에서 마스크를 착용하는 기본적인 방역지침도 따르지 않는 무뢰한이다. 제각기 세계의 중심에 자신을 두고 자신의 관점에서 타자를 판단하는, 극단적으로 공격적인 집단 정체성의 출현은 매우 우려할 점이다. 여기에는 정치인들과 언론의 책임이 크다.

최근 서울시가 모든 사업장의 외국인 근로자들이 반드시 코로나 진단검사를 받아야 한다는 행정명령을 내린 바 있다. 코로나로부터 대도시를 지켜내야 하는 절체절명의 위기에서 내린 조치라는 점은 이해하지만, 매우 무지하고 무모한 결정이었다. 코로나 감염 가능성에 국적과 인종 간 차이가 있다는 과학적 근거는 없다. 역지사지易地思之로 우리 재외국민이 거주 국가에서 국적과 인종의 이유로 코로나 진단검사를 강제당한다면 우리는 이를 어떻게 받아들일까. 결국 각국 대사관과 국가인권위원회, 시민단체의 강력한 반대 의견과 여론에 밀려 며칠 만에 행정명령은 전면 취소됐다. 그러나 지자체가 한번 내린 인종차별적 결정은 서울시의 글로벌 위상에 꽤 오래가는 상처로 남을 것이다.

극단적 집단 정체성은 과도한 민족주의를 낳는다. 우리 종족을 지키기 위해 다른 종족의 인권을 짓밟고 서는 정도의 조치는 민족적 자부심과 공동체의 안위라는 명분에 의해 쉽게 합리화된다. 여기에 점점 함몰되면 동북아 중심도시 서울은 인종차별 도시의 오명을 쓰고 지구촌의 사각지대로 밀려 갈 것이다.

2019년 통계에 의하면 200만 명이 넘는 외국인 거주자 중 절반 이상이 수도권에 살고 있다. 이들은 비즈니스, 취업, 유학, 결혼 등의 사유로 국내에 거주하고 있다. 이들이 빠져나가면 서울의 산업과 대학, 가정이 흔들리고, 서울은 국제사회의 외딴 섬이 된다. 이들이 이 땅에 머물지만 계속 타인으로 살아가게 한다면 대도시 서울은 갈등과 분쟁의 지뢰밭이 될 것이다.

서울시의 인종감수성을 높여 외국인들을 포용하면서 건강한 동반자로 사는 방법을 찾는 것이 최고의 국제화 정책이며, 서울 시민의 자긍심을 높이는 길이다. 정책과 제도는 인종감수성과 글로벌 사회에서의 정의의 문제에 대한 숙의의 토대 위에 만들어져야 한다.

이번 선거에서 선출되는 서울시장은 짧은 임기 동안 거창한 도시개발보다, 높은 인종감수성으로 국제사회에서 존경받는 도시 서울의 기초를 고민했으면 한다. 이를 위해 어느 후보가 당선되건 바로 '인종감수성 특별위원회'를 설치·가동할 것을 제안한다.

디지털 노마드 위한 스마트 미래 공간 설계해야

|

아침을 열며, 〈한국일보〉, 2021. 5. 10.

인류 역사는 제한된 공간의 점유와 재배치의 역사였다. '정착민'이 잘 관리해 온 점유공간에 낯선 '이민자'가 진입할 때 갈등과 분쟁은 필연적이었다. 우월한 기동력과 적응력으로 무장한 '노마드 nomad', 즉 유목민의 등장은 기존 공간에의 또 다른 도전이었다.

21세기에 등장한 새로운 노마드 유형이 '디지털 노마드'다. 이들은 첨단 커뮤니케이션 테크놀로지에 대한 숙련도를 기반으로 인류의 공간을 빠르게 재편성하고 있다. 디지털 노마드는 기존 공간을 탐하지 않고 미지의 공간인 가상공간을 창조해 새로운 부가가치를 만들어 낸다는 점에서 전통적 노마드와 다르다. 특히 코로나19 시대에 학교에 가지 않고도 공부하고, 직장에 가지 않거나 심지어는 외국에 거주하면서도 일을 잘 해내며, 직접 만나지 않고도 얼마든지 대화할 수 있고, 심지어 '메타버스 meta-verse' 가상공간을 통한 초현실적 소통의 방식으로 이전에 경험하지 못한 공간 개념을 만들어 내고 있다.

2021년 3월 한국갤럽 조사에 의하면, 25~54세 직장인 중 비대면 재택근무를 경험한 '잠재적' 디지털 노마드는 약 30%에 이른다. 이는 최근 미국 일리노이대의 조사연구 결과와도 거의 일치하는 수치다. 페이스북은 5년 이내에 전 직원의 절반이 재택근무하는 디지털 노마드 근무환경을 목표로 한다고 한다.

실제로 우리 기업의 재택근무자 비율은 개발·사무직, 대형사업체 종사자, 고액연봉자 집단에서 훨씬 높다. 재택근무 경험자 4명 중 3명이 이에 매우 만족하고 있고, MZ세대의 선호율은 무려 90%에 달함에 비추어 볼 때, 디지털 노마드 방식의 일과 공간 개념은 앞으로도 빠르게 확산될 것으로 보인다.

디지털 노마드에게 전통적인 모든 것은 더 이상 중요하지 않다. 즉, 고도로 경직된 근대사회의 규율은 이들에게 아무 의미가 없으며, 따라서 뉴 노멀에 맞는 유연한 제도의 보완이 시급하다는 얘기다. 근대사회가 만든 대부분의 규율은 통치자 혹은 제공자 중심으로 만들어졌다. 정치·비즈니스·교육·사회복지 등의 영역에서 국민·소비자·수혜자의 관점은 거의 배제되어 있었다.

학교 출석과 직장 출근 등 물리적 규율은 디지털 노마드의 시대에 그다지 중요하지 않다. 전통적 공간 개념을 초월해서 일의 효율성을 추구할 수 있고, 또한 개인과 가정의 행복 추구의 가치를 훨씬 더 중시하는 시대에 우리는 살고 있다.

세계 각국의 디지털 노마드 유치전쟁이 이미 치열하다. 우수한 디지털 노마드를 적극 유치하고 소비경제도 진작시키기 위한 노력이다. 최근 두바이 정부는 원격근무 비자를 발급해 자국 내에 사업장이 없어도 1년간 거주할 수 있도록 했다. 여기에 소득세 감면 혜택과 무료 코로나 백신 접종은 덤이다. 포르투갈 정부는 외국인을 위한 디지털 노마드 빌리지를 발 빠르게 만들었고, 그리스는 국외에서 새로 진입하는 디지털 노마드에게 소득세 50% 감면 혜택을 주는 법안을 통과시켰다. 우리 정부도 적극적으로 고려해야 할 대목이다.

정부는 디지털 노마드는 물론 '기존 정착민'에 대한 배려 정책도 함께 고민해야 한다. 포괄적 의미에서의 스마트 상거래 개발과 지원, 감염병 대응을 위한 비대면 진료·처방을 위한 법제에 빠르게 손을 대야 한다. 디지털 헬스케어, 미래형 교육과 효율적 협업을 위한 첨단 비대면 커뮤니케이션 플랫폼 개발은 대학과 기업의 몫이다. 정착민과 디지털 노마드가 스마트하게 공존할 수 있는 미래 공간을 만들어 가는 도전이 디지털 뉴딜 정책의 핵심이 되어야 한다.

뉴스 포털과 언론의 상생을 위하여

|

아침을 열며, 〈한국일보〉, 2021. 7. 12.

동트기 전 문밖에 배달된 신문을 집어 들어와 거실에서 신문을 읽고, 아침 방송뉴스로 하루를 시작하던 기억이 아련하다. 요즘 우리는 스마트폰을 들고 네이버·다음과 같은 뉴스 포털을 통해 뉴스를 읽으며 아침을 연다. 영국 옥스퍼드대 로이터 저널리즘연구소의 '디지털 뉴스 리포트 2021'에 의하면 우리 국민의 72%가 네이버·다음 등 포털 서비스를 통해 뉴스를 읽는다. 최소한 독자의 관점에서는 이제 더 이상 종이신문과 방송의 시대가 아니고, 뉴스 포털이 대세임이 사실이다.

그러다 보니, 사회에 유통되는 뉴스의 품질에 대한 비판의 화살도 뉴스 포털을 정면으로 겨냥하고 있다. 더불어민주당은 '미디어 혁신 특별위원회'를 통해 뉴스 포털 규제에 대한 강한 의지를 보이고 있다.

뉴스 유통체계의 대변혁기에 가짜뉴스와 여론 양극화 그리고 포털의 여론 독점에 대한 우려에 동감한다. 그러나 그 책임을 뉴스 포털에만 전가하는 것은 공정하지 않은 것 같다. 기업의 영리

행위의 자유를 인정하는 시장자유주의, 표현과 언론의 자유를 존중하는 민주주의에 기반한 우리 헌법체계 안에서 과연 뉴스 포털에 대한 정부의 직접 규제는 어디까지 가능할 것인가.

 뉴스 포탈 규제에 관한 논의는 우리 사회의 뉴스 생산과 유통의 생태계 구조에 대한 정확한 인식에서 시작되어야 한다. 먼저 로이터 연구소의 같은 보고서가 우리 사회의 뉴스 신뢰도를 46개국 중 38위로 평가하고 있다는 점에 주목해야 한다. 낮은 뉴스 신뢰도가 뉴스 포털의 유통방식 때문이라는 논지의 근거는 분명치 않다. 문제는 디지털 뉴스 소비시장이 철저히 클릭 수에 의해 운용되고 있으며, 그래서 자극적이고 선정적인 뉴스가 판을 치게 되고, 저널리즘의 본령에 충실한 품질 좋은 뉴스가 설 곳을 잃게 되는 악순환 구조에 있다. 과연 포털의 뉴스 배열방식이 문제인지, 아니면 언론의 콘텐츠가 품격과 신뢰를 잃은 것이 문제인지에 대한 냉정한 성찰이 필요하다.

 뉴스 포털의 추천 알고리즘도 비판의 대상이다. 포털의 뉴스 추천 서비스는 알고리즘에 의한 데이터의 반영이다. 최첨단 인공지능 이미지 인식체계도 아직 특정 인종·민족·종교에 대한 편견의 문제를 완전히 해결하지 못하고 있다. 문제는 기울어진 데이터에 있다. 뉴스 추천 알고리즘의 목적함수에는 사회의 '공공선'이라는 또 다른 차원의 데이터가 어떤 방식으로든 반영되어야 한다. 언론과 포털은 클릭 수가 갖는 자유시장 논리의 잠재적 비

이성을 보완하기 위한 공동체의 이성적 판단의 반영 방식을 모색해야 한다.

그럼에도, 이에 대한 정부의 직접 규제에는 득보다 실이 더 많을 것 같다. 뉴스 시장에 대한 정부의 개입은 일정 부분 표현의 자유의 희생을 불러올 것이기 때문이다. 정부의 역할은 디지털 뉴스 시장의 플레이어인 포털과 언론이 공정한 분업구조 속에서 상호 경쟁하고 보완하며 상생할 수 있도록 지원하는 소극적 개입의 수준에 머무르는 것이 바람직하다. 그리고 언론이 만들고 포털이 유통하는 뉴스가 대국민 신뢰를 회복하도록 조금만 더 인내심을 갖고 기다려 주었으면 한다. 조금 천천히 가는 것 같지만 더 안전한 길이다.

뉴스 시장의 또 다른 플레이어인 독자의 역할도 중요하다. 종이신문의 행간을 읽고, 방송뉴스의 초간을 읽어 내던 근대적 시민 교양을 탈근대 시대의 '디지털 교양digital literacy'으로 승화해야 한다. 스마트폰으로 뉴스를 보는 시대에 스마트하게 살아가는 지혜와 경륜을 만들어 가자는 것이다. 어려운 시기이기에 더욱 절실한 고품격 뉴스, 그리고 생각과 표현의 자유는 우리에게 그냥 주어지는 것이 결코 아니다.

제니퍼의 귀와 진실의 힘

|

아침을 열며, 〈한국일보〉, 2021. 9. 13.

1992년 3월 영국, 총선을 보름 앞두고 노동당은 이른바 '제니퍼의 귀'라는 정치광고를 지상파 방송에 내보냈다. 중이염 수술을 받지 못해 고통을 겪고 있는 5세 소녀 제니퍼, 그리고 같은 병을 앓고 있지만 민간 의료기관에서 바로 수술해 완치된 다른 소녀를 대비적으로 극화해서 보수당 정권의 국가의료서비스NHS 정책의 문제점을 신랄하게 비판했고, 그 파장은 매우 컸다.

노동당 당수 닐 키녹은 "여러분이 만약 보수당을 지지한다면, 더 이상 아파서는 안 된다"는 강성 슬로건을 내세웠다. 그러나 상황은 곧 어처구니없이 역전됐다. 방송에 등장한 제니퍼가 실제가 아닌 가공인물이었음이 밝혀진 것이다. "키녹이 중이염을 앓은 소녀에 대해 거짓말을 했다면, 과연 다른 어떤 문제에 대해서는 진실을 얘기했을까"라는 반론이 제기됐다. 선거 결과는 보수당의 승리였다.

필자는 2021년 3월 8일 자 "아침을 열며"에서 언론 자유는 곧 사회의 산소이며, 따라서 언론에 대한 징벌적 보상제가 인체의 산소 공급을 막는 치명타가 될 것이라고 했다. 그리고 언론이 산소 같은 자유에 주어진 엄중한 책무성을 저버린다면 시민사회가 이를 퇴출할 것이라고 했다. 이는 정치인에게도 그대로 적용된다. 1992년 영국 총선과 제니퍼, 그리고 키녹을 새삼 소환한 이유가 여기에 있다.

대통령선거 정국이 새로운 국면을 맞고 있다. 선거 때마다 찾아오는 음산한 느와르의 기운이 이번에도 예외 없이 여의도 정치권을 감싸고 있다. '정치 공작', '고발 사주', '공익 제보'. 그 끝이 어디인지, 진실은 무엇인지 알지 못해 혼란스럽고 불안하다. 결국은 진실의 힘을 승리로 이끄는 역사의 신을 믿는다. 그러나 5년 동안 국정을 안심하고 맡길 대통령을 선출하는 소중한 시간을 정치 공작에 점유당하고 있는 현실은 참기 힘들다. 그 책임이 언론에도 있지만, 더 큰 책임은 정치인에게 있다.

미국의 팩트체킹 웹사이트 '폴리티팩트'는 주요 정치인과 각계 사회지도층의 발언, 그리고 다양한 온라인 공간에 등장하는 주장의 근거 사실에 대한 검증으로 명성을 쌓아, 2009년에는 퓰리처상을 수상한 바 있다. 지난 14년간 의혹이 제기되어 폴리티팩트가 검증한 정치적 발언 7,639건 중 43%가 '대부분' 혹은 '완전한' 가짜뉴스였다. 또한 페이스북, 트위터, 인스타그램, 유튜브 등 온라인 공간에 유통된 뉴스의 93%가 가짜뉴스였다. 미국의 정보와 뉴스 환경도 우리와 다를 바 없다는 것이 작은 위안일까.

미국이건, 영국이건, 한국이건 정치권의 가짜뉴스는 결코 사라지지 않는다. 현재 국회 본회의 통과에 앞서 시간을 벌고 있는 언론중재법이 이 문제의 근본적 처방이라는 점에 동의하지 않는다. 언론의 문제는 언론 스스로 뼈를 깎는 자정自淨 노력으로 해결해야 할 문제다. 아니면 퇴출이다. 백번 양보해 입법에 의한 해결이 불가피하다면, 정치인과 온라인 콘텐츠 제작자들에게도 징벌적 보상 책임을 물어야 한다. 가짜뉴스의 생태계를 고려할 때 당연한 문제제기다.

폴리티팩트의 책임자였고 현재는 듀크대 석좌교수인 빌 아데어Bill Adair는 지난 2012년 필자와의 인터뷰에서 이렇게 이야기했다. "팩트체킹으로 가짜뉴스가 완전히 사라지지 않는다. 다만 정치인이 최소한 누군가 자신의 이야기를 검증하고 있음을 알게 하고, 또한 시민이 뉴스 환경의 심각한 오염에 대한 경각심을 갖게 하는 데에 기여한다."

하나의 입법과 팩트체킹 시스템이 진실의 힘을 작동하게 하리라는 주장은 오판이다. 진실의 힘은 성숙한 시민의식과 시민사회의 협력으로 비로소 기지개를 편다.

코로나 이후 미래사회는 디지털 민첩성의 시대

|

아침을 열며, 〈한국일보〉, 2022. 1. 3.

코로나가 30년 전의 일이었다면 인류는 지금과는 판이한 경험을 했을 것이다. 세계관광기구 통계에 따르면 지난 30년간 전 세계 국가 간 여행 빈도가 약 4배 늘었다고 한다. 즉, 1990년대 초반이었다면 사람의 이동으로 인한 전염병 전파 속도는 조금 느렸을 것 같다. 한편 1990년대는 현재의 4G/5G 통신이 제공하는 화상회의, 재택근무, 학교와 대학의 온라인 강의는 꿈도 꾸지 못한 시대였다. 온라인 쇼핑과 앱 배달 서비스도 불가능했기에, 소비자는 물론 중소사업자들의 어려움은 더 컸을 것이다.

코로나 팬데믹 2년의 교훈은 준비된 자에게 최대 위기는 곧 최고의 기회라는, 지극히 단순한 진리였다. 그 준비는 디지털 테크놀로지에 기반한 '연결성'의 준비였다. 디지털 정부 시대에 선도적으로 대비한 국가, 디지털 마켓에서 소비자와 잘 연결되어 있는 기업, 혁신적 온라인 학습을 일찍 실험한 학교와 대학이 팬데믹시대의 강자로 등장함은 당연하다. 팬데믹 이후의 미래사회에도 인류는 수없이 많은 대규모 혼란과 위기에 당면할 것이다. 여기에서도 누가 어떤 준비를 했는가에 따라 승자가 결정될 것이다.

미국의 네트워크 솔루션 기업 시스코CISCO가 전 세계 기업의 최고정보책임자CIO 2만 3천 명을 대상으로 조사해 최근 발표한 연구 보고서는 '디지털 민첩성digital agility'이 미래사회 조직의 필수 생존 요건이라고 결론짓는다.

전문가들은 조직의 디지털 민첩성의 핵심 요건으로 첫째, 사용자 경험에 대한 공감능력과 대응방안 모색의 통찰력, 둘째, 네트워크의 안정적 운영능력, 셋째, 정보와 지식의 보안과 공정한, 혹은 윤리적인 통제 시스템 운영능력을 꼽았다. 즉, 디지털 테크놀로지에 대한 '숙련도'와 아울러, 스마트하면서도 도덕적인 '리더십'이 미래 조직 성공의 관건이라는 얘기다.

인류는 누구도 예상치 못했던 코로나 팬데믹으로 인해 앞으로 다가올 미래사회를 매우 집약적으로 경험했다. 조직은 그 과정에서 새로운 기술과 서비스의 개발에 대한 소중한 영감을 얻었다. 시민과 소비자 욕구 변화에 대한 이해, 확장되는 글로벌 시장에의 도전, 온라인 마케팅과 물류유통 전략의 실행에 모두 디지털 민첩성은 필수적이다.

한편 지난 2년간의 팬데믹으로 인해 인류는 디지털 테크놀로지 시대의 미래 사회와 조직이 당면할 문제들을 직접 경험하게 됐다. 극한상황에서의 보건의료 기술과 제도, 에너지와 환경 및 기후변화에의 대응, 글로벌 경제의 저성장과 불황에의 대처는 국가가 직접 당면한 문제들이다. 또한 기업과 대학은 디지털 프라이버시, 지식재산권, 효율적 조직관리와 의사결정, 온라인과 오프라인이 결합된 하이브리드 방식의 과업과 학습 수행, 오프라인 공간의 재편성 등 다양한 문제들과 마주쳤다. 모두 디지털 민첩성 없이는 해결하기 어려운 문제들이다.

정부와 기업이 독점하는 정보와 지식의 오용 혹은 악용이 불러올 재앙에 대비하기 위해 디지털 테크놀로지가 새로이 만드는 인간의 조건에 대한 윤리적, 도덕적 관점에서의 숙의도 반드시 필요하다. 이는 과학자, 개발자와 함께 인문학과 사회과학 전공자들이 함께 모인 다학제적 포럼을 통해 해결해 가야 할 과제다. 세부 전공영역을 넘어서는 열린 마음과 거침없는 토의로 함께 대안을 찾아 가야 한다.

인류가 당면한 가파른 산길은 분명히 힘든 길이지만, 좋은 등산장비와 충분한 워밍업으로 준비하면 의외로 매우 가볍고 경쾌한 발걸음이 될 수 있다. 2022년 첫 주 아침을 열며, 코로나 2년의 경험이 인류에게 주는 교훈을 다시 한 번 생각해 봤으면 한다.

이대녀 vs. 이대남, 어떻게 극복할까

|

아침을 열며, 〈한국일보〉, 2022. 6. 6.

민주주의는 험한 산을 넘고 깊은 계곡과 강을 건너는 지난한 여정이다. 당장은 야속해 보이는 험난한 지형지물이 때에 따라서는 안전하고 효율적으로 목적지에 이르는 길잡이 역할을 하기도 한다. 이번 지방선거에서 민심은 강물 아래 암초를 보지 못하고 질주하는 뱃길에 또 한 번 강력한 제동을 걸었다. 선거에 패배한 야당은 물론, 여당과 대통령도 같은 교훈을 겸허히 받아들여야 한다. 역사와 자연의 섭리에 귀를 기울이지 않고 일방향 폭주를 한다면 바로 또 다른 큰 암초를 맞을 것이다.

다음 세대도 흐르는 강물에서 교훈을 얻었으면 한다. 수면 아래 눈에 보이지 않는 지형을 냉정히 읽어 내는 혜안이 필요하다. 모든 강은 특수한 물의 흐름 속도와 지형 특성을 갖는 자연 현상이기에 일반화해서 설명하기 힘들다. 흐름이 순탄한 강은 없다. 그러나 거꾸로 흐르는 강도 없다. 역사의 진보에 대한 확신과 자신감으로 조금씩 나가야 한다. 어려운 뱃길을 무서워하면 한 치도 나갈 수 없지만, 담대히 도전하면 결국에는 큰 바다에 이른다.

어려운 뱃길을 떠날 때 목적지가 같은 친구들과 함께 가면 서로 의지가 되어서 좋다. 그러나 마음이 맞는 친구들만 골라서 같이 가는 뱃길은 말리고 싶다. 가능하면 나와 달라서 내 단점을 보완해 줄 수 있는 친구를 선택할 것을 권유한다. 차이는 서로 인정하되 차별은 없는 공동체에서 협력과 공존으로 더욱 쾌적한 뱃길을 만드는 방법을 체득해야 한다.

개별 공동체가 추구하는 목적의식 자체가 잘못된 것은 전혀 아니다. 그러나 공동체의 목표가 집단이기주의를 넘어 집단의 탐심이 된다면 큰 문제다. 바다에 먼저 이르기 위해 다른 공동체의 뱃길을 방해해서는 안 된다. 그런데 그 상식이 매우 자주 무너진다. 서울시장 출구조사 결과에 의하면, 20대 남성의 75%가 오세훈 후보를, 여성의 67%가 송영길 후보를 지지했다. 서로에게 등을 돌리는 이대녀 대 이대남의 반목과 갈등의 극단이 표심으로 드러났다.

양성 평등을 추구하는 사회운동은 여성과 남성 간 기울어진 운동장을 바로잡아 조화로운 사회를 만들고자 하는 선한 의도에서 시작됐다. 같은 배에 올라 각자의 특기와 장점을 존중하고 부족한 점을 보완하며 함께 가자는 것이지, 편을 나눠 서로 다른 배에 올라, 서로를 경계하며 위험한 경쟁을 하라는 것이 아니다.

우리 중고등학교의 양성평등 교육이 이념의 아집에 사로잡혀 여성과 남성을 서로 다른 배에 태워 서로에게 대한 과도한 경계심, 우월감과 피해의식을 만들어 내고, 그 결과로 분노의 질주를 하고 있으니 섬뜩하다. 여야 정치인들이 이런 틈새를 하이에나처럼 파고들어 이를 이념화하고, 대중선거전 여론몰이와 득표를 위해 매우 교활하게 활용하고 있음도 개탄스럽다.

어떻게 극복할까. 먼저 기울어진 운동장을 평평하게 바로잡는 토목공사가 필요하다. 이는 국가의 교육, 복지, 노동정책과 제도의 배려로 해결해야 한다. 더 중요한 것은 평평하게 만들어진 운동장에서 서로를 존중하고 배려하며, 공정하게 경쟁하는 방법을 체화하는 시민공동체 교육이다. 이를 위해 각급 학교와 대학에서는 이념을 넘어선 자유정신, 다양성과 인권정신의 교육과 토론이 이루어져야 한다.

다음 세대를 태운 각양각색의 배들이 모두 각자의 확성기만 크게 틀고 귀를 닫은 채 질주한다면 모두의 안전에 적색등이 켜진다. 새로 선출된 교육감들은 눈앞의 학력 향상보다 실상 더 중요한 사회 공동선善 가치의 체감교육 정책을 먼저 고민해야 한다. 이대녀 대 이대남의 극심한 갈등의 지형지물을 슬기롭게 극복해 민주화 이후 성숙한 민주주의로의 뱃길을 시원하게 열어 주는 전기를 만들어야 우리 사회 미래에 희망이 있다.

3부

누구를 위한 정치인가

지난 10여 년 동안 우리 정치는 또 한 번의 대격변기를 겪었다. 헌정 사상 초유의 대통령 탄핵, 조기 대통령 선거와 또 한 번의 정권교체를 겪은 우리 현실정치는 우리에게 어떤 교훈을 주었는가. 세계 초일류 기업 보유국인 대한민국의 정치 수준이 고작 이 정도인가. 정치가 국민을 걱정하는 것이 아니고 국민이 정치를 걱정해야 하는 것이 아닌가. 정치만 잘하면 우리 살림살이가 더 좋아질 텐데, 그게 아니지 않은가. 국민들이 우리 정치를 바라보는 시선이 여전히 이렇다. 변화는 겪었지만 반전은 없었다.

몇 번의 선거를 지나면서 양당정치의 벽은 더 높아졌다. 양대정당이 정국을 주도하는 양당정치 자체가 문제는 아니다. 그러나 양대정당 간 협치와 소통 없이 평행선을 그리고 질주하는 대결 구도는 국민을 매우 불안하게 한다. 현실정치의 목적은 물론 집권에 있다. 그러나 정치의 진정한 목적은 집권 후 국민에게 반듯한 국가 비전을 보여주고, 이를 서로 공유하고, 서로를 격려하고 위로하며 함께 전진하는 것이다. 국민이 새 정부에 거는 기대도 같다. 과연 이번에는 잘할 수 있을까.

우리 정치에는 선거만 있고 정도를 걷는 국가경영은 없어 보여 유감이다. 그렇다면 우리 정치는 정치인을 위한 것이지 국민을 위한 것이 아니다. 최근 선거 과정에 나타난 과도한 팬덤정치의 징후는 정치인의 개인기가 정당이 추구하는 공동선共의 가치를 압도했을 때 어떤 일이 벌어질 것인가 하는 점을 우려하게 한다. 이성적, 합리적 판단을 마비시키는 팬덤정치는 사회의 정치적 소통을 가로막는 중요한 원인이 된다. 정치의 목적은 국가의 공동선을 함께 찾고 추구하는 것이다. 정치인은 이런 역할의 피위임자일 뿐이라는 자성이 필요하다. 선거 때만 국민의 공복公僕이 아니고, 선거가 끝난 후에도 진정한 공복이 되어 주었으면 한다.

아슬란의 원칙과 희생, 그리고 나니아의 봄

|

— 중앙시평, 〈중앙일보〉, 2011. 2. 26.

C. S. 루이스^{C. S. Lewis}의 판타지 소설 《나니아 연대기: 사자, 마녀, 옷장》은 41개 언어로 번역돼 전 세계에서 1억 2천만 권 이상 팔린 베스트셀러다. 2005년 극장 영화로 제작돼 국내에서도 개봉된 바 있다. 가상의 나라 나니아의 지도자 아슬란은 달콤한 순간의 유혹 때문에 마녀에게 영혼을 빼앗긴 에드먼드를 구하고 오랫동안 계속된 마녀의 땅 나니아의 겨울을 종식시키기 위해 굴욕적이고 비참한 죽음의 자리를 피하지 않는다.

그러나 부활한 아슬란은 결국 마녀와의 전쟁에서 승리하고 나니아 제국에 화려한 봄을 불러온다. 아슬란은 나니아의 존경받는 맹주로서 원칙을 충실히 지켰고, 결국 자신의 몸을 희생하여 나니아의 위기를 극복했다. 조직과 사회를 제대로 이끌기 위해 꼭 필요한 것이 원칙과 희생이라는 이야기를 C. S. 루이스는 우리에게 매우 흥미롭게 전해 준다.

지난 2월 16일 인도네시아 대통령 특사단 숙소에 괴한이 침입한 사건은 그 자체가 큰 충격이었다. 더욱이 사건의 은폐를 위해

외부 윗선이 개입되었다는 의혹은 이 사안을 바라보는 관점을 매우 혼란스럽게 만들었다. 정보기관의 어설픈 공작이었다는 이야기와 함께 경찰의 뒷북수사 의혹, 정보기관 내부의 권력투쟁설도 구설에 올랐다.

정보 당국자의 말에 따르면 우리 정부와 기업의 통상대표도 외국에 나가면 이런 일을 흔히 겪는다고 한다. 외국 특사단 숙소를 침입한 것 자체가 문제라기보다는 치밀하게 공작하지 못한 채 코미디 스파이 쇼에 그친 것이 바로 문제라고 이야기한다.

이 대목에서 눈앞의 국익을 위해서라면 모든 수단과 방법이 합리화될 수 있다는 주장의 근거가 과연 무엇인지 묻고 싶다. 우리 국민들은 이를 어떻게 바라보고 있으며, 또한 우리 사회의 다음 세대들은 이 사건에서 무엇을 배워야 할지 또한 묻고 싶다. 치열한 산업정보 전쟁의 현장에서 일어난 일이므로 명분만 있다면 용납될 수 있다는 주장에는 동의하기 힘들다. 남들이 다 하므로 우리도 할 수밖에 없다는 이야기도 설득력이 약하다.

'국가 이익'이라는 목적과 주어진 상황이 무엇이건 이를 추구하는 과정 속에서 해야 할 일과 하지 말아야 할 일의 명쾌한 규정과 준수가 반드시 필요하다. 다른 나라가 이러한 사안에 어떻게 대처하는 것은 중요하지 않다. 우리는 우리 나름대로의 상식과 원칙만 생각하면 된다. 이는 우리 모두의 품격, 그리고 자존감과 관련된 또 다른 '국민 이익'의 문제이기 때문이다.

T-50 고등훈련기의 수출이 성사되지 않는다면 이는 분명 국가적으로 큰 경제적 손실일 것이다. 그러나 이를 성사시키기 위해 원칙과 신뢰를 저버린다면 우리는 이로 인해 돈으로 환산될 수 없는 더 많은 것을 잃게 된다. 안 그래도 정부 정책에 확고한 원칙이 없기에 우리는 항상 불안하다. 과학벨트와 영남 신공항 논란에 대한 지자체들과 정치권의 주장에 어떤 원칙이 있다고 믿기 힘들다. 여당과 야당이 경쟁적으로 제시하는 무상의료·무상급식 등 복지정책에도 어떤 원칙이 있는 것 같지 않다. 며칠 새 말을 바꿔 저축은행 영업정지 결정을 내린 금융정책을 국민들이 믿고 따를 이유가 없다.

이런 식으로라면 대학은 학생들에게 시험 중 부정행위 자체가 문제가 아니고 부정행위를 하다가 적발되는 것이 문제라고 가르쳐야 한다. 때에 따라서는 논문의 표절도 용인될 수 있다고 가르쳐야 한다. 원칙은 늘 깨지기 위해 있는 것이라고 가르쳐야 한다. 이것이 정말 우리 모두가 원하는 것인가 질문하고 싶다.

우리 사회에서 통용되는 원칙의 반대어가 '무원칙'이나 '편법'이 아니고 '관행'이라는 사실을 심각하게 받아들여야 한다. 원칙은 분명 있지만 또 다른 관행을 무시할 수 없으니 때에 따라 원칙에 반하는 행동을 하는 것도 묵인된다는 매우 현실적인 변명들에 우리는 아주 익숙하다. 눈앞의 이익과 처세, 그리고 임시방편이 중시되는 우리 사회 내부 관행의 동력 때문이다.

우리 정보기관뿐 아니라 대학과 기업, 그리고 정부도 치열한 고민과 논의를 통해 나아가는 방향과 방법의 원칙을 확고하게 설정하고 이에 반하는 기존의 관행을 과감히 거부할 수 있는 신념이 필요하다. 이러한 과정을 총체적으로 주관하고 관리하는 일이 바로 지도자의 책무다. 달콤하지만 매우 치명적일 수 있는 유혹들로부터 우리의 영혼을 지켜 줘야 한다. 아슬란에게 처참한 죽음의 순간은 분명 피하고 싶었던 독배毒杯였다. 아슬란은 그 어려운 길을 택했다. 그래서 최후의 승리자가 됐다. 나니아의 봄은 이렇게 힘든 선택과 희생을 통해 이루어졌다.

극단적 위기에서의 리더십

|

중앙시평, 〈중앙일보〉, 2011. 3. 19.

2011년 3월 11일 일본 동북부 대지진이 거대한 쓰나미로 이어졌다. 지금 관심은 후쿠시마 원전 원자로의 방사성 물질 유출과 핵분열 방지를 위한 일본 정부의 대응 문제로 쏠리고 있다. 극단적 위기의 극복을 위해 결사대원들의 목숨을 건 작전까지 고려하고 있다고 한다. 일본 열도는 온통 공포에 싸여 있다. 전기, 물, 식료품의 품귀로 국민 생존의 문제가 커지고 있고, 도로는 피난민들로 넘치고 있다고 한다. 지구의 종말을 그린 영화의 몇몇 장면이 생각난다. 영화 속 가상의 이야기가 바로 옆 나라에서 실제로 벌어지고 있다.

근대 이후 인간은 이른바 과학적 방법으로 세상을 분석하고 설명하는 사고방식에 익숙해져 왔다. 이러한 사고방식은 자연현상뿐 아니라 인간과 사회현상의 분석에도 광범위하게 적용되고 있다. 이상적인 형태의 과학적 설명체계를 우리는 '이론'이라고 부른다. 좋은 이론은 미래에 대한 예측을 가능하게 한다. 그런데 현재 인류의 과학 수준으로는 대지진, 쓰나미와 같은 엄청난 대재앙을 정확하게 설명하거나 예측하지 못한다고 한다. 생명의 근본, 지구와 우주의 근원과 미래에 대한 완전한 설명은 과학의 힘으로 가능한 일이 아니다. 과거의 데이터를 근거로 한 통계적 설명만이 가능할 뿐 엄밀한 의미의 미래 예측은 불가능하다. 과학이 더 이상의 설명을 못하기에 우리의 불안감은 매우 크다.

과학적 사고의 지배로 인해 우리가 잊어 왔던 것이 있다. 근대 과학의 시대 훨씬 이전부터 있었던 우리 사회와 인간에 대한 근본적인 '성찰省察'의 문제다. 여기에서 성찰의 대상은 바로 자기 자신이며, 또한 우리 사회 공동체다. 성찰은 과학적 분석보다는 배경과 맥락, 그 파급효과의 의미에 대한 두터운 관찰과 해석에 의존한다. 지진에 대비해 건물의 내진 설계를 치밀하게 하고, 쓰나미에 대비해 견실한 둑을 만들고, 핵 방사선에의 노출을 막기 위한 기술을 고안하는 등 이성적·과학적 노력은 물론 필요하다.

그러나 더 중요한 것은 극단적 위기를 극복하기 위한 국민 감성적 요소들에 대한 고려다. 위기의 충격 속에서 방향을 잃고 표류하는 개인의 정서와 감정의 문제, 사회 공동체 의식의 문제, 그리고 위기 이후의 공동체와 개인의 미래 희망과 비전의 문제 등이 그것이다. 이 문제들의 해결을 위해 지금 우리가 필요로 하는 것이 바로 성찰이다.

여기에서 성찰이란 단순한 '반성'을 의미하는 것이 아니다. 보다 적극적인 '자신과 우리의 대면'을 의미한다. 극단적 위기상황에 이성적으로 대응하는 동시에 위기에 맞서 있는 자신과 공동체의 모습을 가슴의 눈으로 바라보는 감성의 시선이 바로 그것이다. 이른바 '사회 안전망'이라고 불리는 사회적 제도들도 이러한 감성적 공감대를 기반으로 조성돼야 한다. 사회학자 울리히 벡, 앤서니 기든스 등의 '위험 사회와 성찰성'에 대한 논의의 초점도 여기에 있다.

성찰의 내공은 위험 사회 지도자의 필수요건이다. 지도자의 성찰은 현실적인 문제해결을 위한 통찰력으로 이어진다. 모세는 이집트군과 홍해 사이의 진퇴양난進退兩難 상황에서 이스라엘 백성의 위기 극복을 위해 놀라운 자기 성찰과 통찰력을 발휘했다. 동요하는 이스라엘 백성들에게 위기 극복의 길을 열어 준 것은 과학적 지식이 아닌 지도자의 고도의 감정통제 능력, 분별력, 비전의 힘이었다.

1930년대 초반 경제 대공황 극복을 위해 뉴딜 정책을 폈던 루스벨트 미국 대통령을 우리가 기억하는 것도 같은 이유다. 1962년 미국의 쿠바 미사일 위기를 극복한 케네디 대통령도 마찬가지다. 소말리아 해적에 납치된 극단적 위기상황에 대처한 석해균 선장의 리더십도 여기에 해당된다.

지도자의 리더십은 항상 위기상황에서 제대로 평가받는다. 감당하기 힘든 스트레스와 시간의 압박 속에서도 지도자는 해야 할 말, 행동, 결정, 그리고 해서는 안 되는 말, 행동, 결정을 명쾌하게 분별하고 실행해야 한다. 그러지 못하면 위기는 걷잡을 수 없이 가속화된다. 다시는 일어서기 힘들게 된다.

　일본의 간 나오토 총리는 지금 그 중요한 시험대에 서 있다. 우리 국가, 그리고 사회 각 영역의 지도자들도 반면교사反面教師로 삼을 일이다. 무너진 건물과 교량은 다시 지으면 되지만 가슴속 깊은 곳의 상처는 치유되기 힘들기 때문이다.

도구적 합리성과 의사소통의 합리성

|

중앙시평, 〈중앙일보〉, 2011. 7. 2.

계몽시대 이후 근대사회를 지배한 중요한 키워드 중 하나가 '합리성'이다. 독일 사회철학자 위르겐 하버마스Jürgen Habermas는 두 가지 서로 다른 합리성을 이야기한다.

첫 번째는 '도구적 합리성'이다. 사회와 조직이 설정한 가치와 목적은 제도 및 전략 차원의 도구적 합리성의 지지支持에 의해 실행되고 유지된다. 도구적 합리성은 철저한 논리성의 요건을 갖춰야 한다. 그 결과는 충분히 예견적豫見的이어야 한다.

두 번째는 '의사소통의 합리성'이다. 사회 집단 및 구성원들 간에 공유된 의사소통의 합리성이 결여된 도구적 합리성은 사상누각沙上樓閣이다. 의사소통의 합리성으로 인해 사회와 조직의 목적 및 도구는 비로소 최소한의 정당성을 확보하게 된다.

이 두 가지 합리성이 모두 우리 사회에서 제자리를 찾지 못하고 있다. 양자가 적절한 균형을 이루고 있지 못함도 또한 문제다. 검찰과 경찰의 수사권 조정 논쟁을 들여다보자. 수사권 문제의 핵심 가치와 목적이 사회 정의의 실현이어야 함은 자명하다. 국민이 안심하고 사회·경제활동에 전념할 수 있도록 튼실한 방패막이를 해주는 것이 공권력의 존재 이유이기 때문이다. 그런데 이토록 명백한 공권력의 존재 목적이 서 있는 자리가 전혀 보이지 않는다. 검찰과 경찰의 기관 이기주의가 원래의 목적을 대체하고 있다. 수사권 문제가 대통령령, 행정안전부령, 혹은 법무부령으로 다루어져야 하는가 하는 도구적 합리성 논의로까지 발전할 최소한의 요건도 갖추고 있지 않다. 그래서 먼지만 잔뜩 날린 채 표류하고 있다.

4대 강 사업은 2008년 말부터 약 22조 원의 예산이 투입된 대규모 국책사업이다. 경제를 살리고 국토 균형발전을 촉진하기 위한 한국형 뉴딜사업이라는 분명한 목적과 도구적 합리성의 깃발을 날리며 시작됐다. 이를 한편에서는 '4대 강 살리기 사업'이라고 부른다. 반면 다른 한편에서는 '4대 강 죽이기 사업'이라고 부른다. 과다 예산 논란, 경기부양 효과의 진위, 환경 및 문화재 훼손 문제 등 다양한 반대 의견들이 제시되고 있다. 여전히 의사소통의 합리성 문제가 해결되지 않고 있다.

2010년 MBC 〈PD수첩〉과 KBS 〈추적 60분〉의 4대 강 사업 방송이 취소되면서 이 사업을 둘러싼 의사소통의 합리성에 대한 문제가 다시 한 번 제기됐다. 그럼에도 불구하고 사업은 계속 진행되고 있다. 올해 초 4대 강 사업 취소소송에서 법원이 정부의 손을 들어 줌으로써 도구적 합리성은 한층 더 힘을 받게 됐다. 그러나 분쟁의 불씨는 여전히 남아 있다. 의사소통의 합리성이 부재하기 때문이다.

대학의 반값 등록금 논쟁은 어떠한가? 대학 등록금이 국민 가계에 큰 부담임은 사실이다. 무엇이 정말 문제였는가에 대한 차분한 논의가 필요하다. 정부는 문제 해결을 위한 도구적 합리성을 확보하고 제시해야 한다. 국가 교육재원을 처음부터 다시 검토해야 한다. 대학의 재정 운용에 문제가 있었다면 바로잡아야 한다. 그런데 이 사안의 문제는 의사소통의 합리성이 지나치게 앞서 나가 도구적 합리성을 위한 논의가 적절한 타이밍을 상실한 데 있다. 따라서 여론의 풍향계를 따라 정책이 이리저리 끌려다니는 형국이 계속되고 있다.

한나라당은 2014년까지 총 6조 8천억 원의 재정과 1조 5천억 원의 대학 장학금을 투입해 대학등록금을 30% 인하하는 정책 대안을 발표했다. 그러나 도구적 합리성 측면에서 믿음이 가지 않는다. 청와대도 이 대안에 대해 회의적이라고 한다. 대통령과 야당 대표의 회동에서도 문제 해결의 실마리가 보이지 않았다.

의사소통의 합리성이라는 명분하에 도구적 합리성이 경시되는 경향은 정치의 계절에 더욱 부각된다. 부정적 측면에서의 포퓰리즘에 대한 우려가 그것이다. 중요한 사회 의제가 본격적인 토론을 위한 원탁 테이블을 건너뛴 채 대중 정치인의 목소리를 타고 길거리로 먼저 나갔을 때의 문제점이 바로 그것이다. 한편 의사소통의 합리성을 배제한 채 도구적 합리성만을 독단적으로 주장할 때 소중한 가치와 목적의 당위성이 훼손될 수 있다는 점도 반드시 기억해야 한다.

도구적 합리성과 의사소통의 합리성의 최적 균형 비율을 찾는 것이 우리 정치의 과제다. 국민의 냉소와 불안지수가 높아지고 있는 이유가 여기에 있음을 직시해야 한다. 두 가지 합리성 간의 최적 균형 비율 감각을 회복하고 유지하기 위한 고민으로부터 우리 정치와 언론 모두 자유롭지 않다.

모파상의 〈비곗덩어리〉를 다시 읽으며

|

중앙시평, 〈중앙일보〉, 2011. 9. 3.

1870년 보불전쟁으로 프로이센에 점령당한 프랑스 북부 도시 루앙에서 한 새벽 마차가 떠난다. 어울리기 힘들어 보이는 일단의 사람들이 남행 마차에 몸을 실어 하나의 운명이 된다. 일행 중에는 민주주의 혁명가, 부유한 지방의원 부부, 귀족의 자부심이 몸에 밴 백작 부부, 와인 도매상 부부 그리고 두 명의 수녀와 '불 드 쉬프Boule de Suif' — 비곗덩어리 — 라고 불리는 뚱뚱한 창녀가 함께 있었다.

마차에 동승한 사람들은 비곗덩어리의 외모를 손가락질하며 비웃는다. 그러나 비곗덩어리는 미처 음식을 준비하지 못해 허기진 일행과 자신의 고기와 과일, 와인을 함께 나누는 호의를 베푼다. 이들의 여행은 국경을 지키는 한 프로이센 장교에 의해 난관에 봉착한다. 장교는 여행허가증 말고 또 한 가지 받아들이기 힘든 요구를 한다. 일행은 온갖 감언이설로 비곗덩어리를 설득한다. 그녀는 고심 끝에 장교의 요구를 받아들인다. 그러나 다시 출발한 마차에서 일행의 태도는 돌변한다. 비곗덩어리는 일행에

게서 다시 돌아온 경멸과 조롱에 비탄의 마음을 감추지 못한다.

많이 알려진 기 드 모파상Guy de Maupassant의 소설 〈비곗덩어리〉(1880)를 다시 한 번 생각하는 이유는 작금의 우리 정치 현실에 있다. 애당초 생각이 같지 않았던 일단의 정치인들이 한나라당, 민주당 혹은 범진보 야당이라는 이름의 마차에 몸을 실었다. 겉으로는 보수와 진보 진영의 공통 이념을 앞세웠지만 실상 제각기 다른 이해관계로 인해 매우 불편한 동거였던 것 같다.

한나라당이라는 마차의 일행 한 명은 산적한 정책 이슈 중 하나인 무상급식 시행방식에 특별히 집착하더니 주민투표의 길을 선택했다. 서울시민 33%의 투표장 동원에 실패한 시장은 쓸쓸히 마차를 떠났다. 자신의 정치적 운명에 대한 최종 결단을 내린 것이 바로 자신이었으니 할 말이 그리 많지는 않을 것 같다. 어쨌든 떠난 시장의 등 뒤에서 애초부터 잘못된 결정이었다느니 하며 말만 무성함이 매우 쓸쓸하다.

민주당이라는 마차의 일행들은 앞선 마차의 실책을 틈타 점수를 만회하고자 각자 나름대로의 셈법을 동원하고 있다. 누군가가 자의에 의해서 혹은 등 떠밀려 앞에 서야 될 것이다. 다가오는 보궐선거의 승패와 관계없이 일행들은 또 각자의 살길만 찾으려 할 것이다.

범진보 야당이 함께 탄 마차의 일행 중 한 명은 지난 선거에서 돈으로 경쟁 후보를 매수한 의혹을 받고 있어 곧 마차를 떠나야

될지 모르는 형편이다. 음식을 나누며 잠시 나눴던 우정과 의리
도 이제 더 이상 필요 없다. 정치권 마차에 탄 일행들이 전쟁의
포성 속에서 각자 생존의 길을 찾으며 아우성치는 루앙발 새벽 마
차의 일행들과 크게 다르지 않아 보임이 안타깝다.

우리 정치권 마차들에 루앙의 새벽 마차와 차별화되는 희망을
그나마 걸 수 있다면 그것은 국가와 국민의 미래를 바라보는 정책
비전, 즉 나름대로 일관된 정책의 정체성에 대한 기대감이다. 보
수이건 진보이건 정당의 존재 이유가 그것이기 때문이다. 그런데
실상 이들에게 국가와 국민의 미래를 생각하는 정책 비전도 분명
히 보이지 않는다. 오직 눈치 보기와 이기적 처신만이 남아 있다.
경제와 복지를 둘러싼 정쟁 속에서 받은 국민 가슴속 상처의 아픔
을 제대로 읽는 정치인도 거의 없는 것 같다. 최소한 비슷한 생각
을 갖고 있다고 믿었던 마차의 일행들이 모두 지극히 이기주의적
인 발상으로 다음 선거에서 자신의 생환만을 고민하고 있는 것 같
아 마차들의 가는 길이 크게 걱정된다.

루앙의 마차에서 이기적이지 않은 순수한 영혼을 가진 단 한
사람이 바로 비곗덩어리였다. 잘 배우지도 못하고 돈도 없고 외
모도 보잘것없었던 그녀의 순수한 희생이 일행의 목숨을 구해 냈
다. 지금 우리에게는 가진 것은 많지만 속물적 위선과 이기주의
를 버리지 못하는 일행의 야유와 조롱을 모두 감수하며 묵묵히 희
생의 길을 선택하는 한 사람의 영웅 스토리가 필요하다. 그런데

우리 정치권 마차에도 그리고 대한민국이라는 마차에도 한 사람의 미켓덩어리가 보이지 않아서 유감이다.

국민들은 마차들에서 들려오는 불협화음의 소란스러움에 지쳐가고 있다. 그런 중 국민의 존경과 기대를 받는 몇몇 장외 인사들이 서울시장 보궐선거 출마를 고려하고 있다고 한다. 부디 타야할 마차를 잘 선택할 것을 부탁한다. 그리고 이미 많은 상처를 받은 대한민국이라는 마차의 일행들에게 큰 위안과 믿음을 주기를 기대한다.

'경이이청'과 사슴의 생존법

|

중앙시평, 〈중앙일보〉, 2011. 11. 26.

말 잘하고 글 잘 쓰는 사람은 참 많다. 그런데 남의 말에 귀를 잘 기울이고 남의 글을 사려 깊게 읽어 내는 사람은 그리 많지 않다. 흔히 국가와 조직의 리더는 말을 잘해야 한다고 믿고 있다. 그러나 이는 충분조건이 아니다. 말을 통해 자신의 생각을 전달하는 것은 소통조건의 하나에 불과하다. 말하기 전에 먼저 해야 하는 것은 국민과 조직 구성원의 말에 담긴 마음과 정서를 잘 알아듣는 일이다. 말 잘하는 사람은 분명히 많은데 우리 정치의 모양새는 영 말이 아닌 이유가 무엇인지 잘 생각해 봐야 한다.

한·미 FTA에 대한 국민의 생각과 정서가 무엇인지 정부와 여당은 좀 더 인내하며 들어야 했다. 한·미 FTA가 이 시기에 필요하다는 점에 필자도 개인적으로 동의한다. 그러나 법안의 통과는 개인의 논지를 담은 학술논문의 일방적 제출과는 다르다. 이는 국가의 중요한 정치 행위다. 국민의 이야기를 좀 더 듣고 합의의 장을 늘려 갔어야 했다. 그것이 정치다. 민주주의의 전당인 국회 본회의장에 최루탄을 들고 온 국회의원도 소통 포기의 책임에서 자유롭지 못하다. 그도 국민의 말을 듣지 않는 정당의 일원이었다. 그래도 할 이야기가 있다고 체감온도 영하 10도의 거리에 나온 국민에게 물대포 세례를 퍼부은 공권력에도 인내가 필요했다. 해방 후 산전수전 다 겪은 이 나라가 추운 겨울날 초저녁에 국민 이야기를 조금 더 듣는 여유를 갖는다고 금방 무너질 것이라고는 생각되지 않는다.

국가의 리더십은 국민의 이야기에 몸과 귀를 기울여 신중하게 듣는 '경청傾聽'의 실천에서 나온다. '경청'이란 말의 어원은 유가 오경五經 중 하나인 《예기禮記》에 등장하는 '경이이청傾耳而聽'에 있다. 말 그대로 몸을 기울이고 귀를 쫑긋 세우는 정성을 담아 타인의 말에 주의를 기울이는 태도를 말한다. 영어로는 listening보다 attentiveness라는 단어가 더 가깝다. 즉, 이야기하고자 하는 국민에게 마음속 깊은 곳에서부터 경의와 존중의 태도를 적극적으로 보이며, 그 의미를 마음속 깊이 받아들인다는 뜻이다.

들판의 사슴이 귀를 쫑긋 세워 계속 움직이며 주의 깊게 주위의 소리를 경청하는 것은 생존을 위한 자기방어 행위다. 사슴은 풀을 먹거나 이동을 하거나 심지어는 휴식을 취하는 중에도 계속 귀의 움직임을 쉬지 않는다. 늘 귀를 세워 주위 위협요소들의 접근을 파악한다. 그리고 기민하게 반응해 스스로를 보호한다. 사슴이 크게 소리를 내는 경우는 극히 드물다. 인내심과 경계심으로 조용히 잘 듣고 위기에 반응하며 사는 방식으로 자신과 종족을 보호한다. 경청하지 않는 돌연변이 사슴은 들판에서 오래 버티지 못한다.

우리 정치인들의 경청지수는 매우 우려할 만한 수준이다. 들판의 사슴보다 훨씬 떨어지는 수준이다. 선거가 다가오면 표를 의식해 잠시 듣는 척할 뿐 국민에 대한 경의와 존중의 마음이 없다. 인내심과 경계심의 훈련이 전혀 되지 않았다. 기회만 있으면 변명으로 자신의 정당성을 주장하는 궤변만 늘어놓는다. 그래서 국민은 제3의 정치공간을 찾게 된다. 그래서 더 이상 구태의연한 정당정치가 아닌 시민정치의 대안이 신선하게 받아들여진다.

한·미 FTA 비준 강행은 정말 비극이다. 어차피 치러야 할 통과의례였다고 자위하기에는 너무 아프다. 경청 없고 배려 없는 소통 부재의 사회를 다룬 한 편 연극의 클라이맥스다. 여당과 야당 모두 국민의 목소리와 의견을 서로 다른 정략적 목적을 위해 활용했을 뿐 진정 국민의 목소리를 경청하려 마지막까지 최선을 다했다고 자신 있게 말할 수 있는지 묻고 싶다. 또한 언론은 이 심각한 불통의 국면에서 과연 어떤 역할을 했는지 묻고 싶다.

지금은 경청이 절실히 필요한 시대다. 경청 없는 말의 잔치는 이미 국민에게 큰 상처를 줬다. 그 상처의 아픔이 기존 정당과 정치인들에게 고스란히 되돌아간다고 놀랄 일이 아니다. 지금은 국민의 상처에 귀를 기울일 때다. 국민의 속마음이 들릴 때까지 무한 대기하며 경청의 연습을 계속해야 한다. 흔히 할 말을 못 하면

속병이 난다고 한다. 그러나 정치인이 지금 경청하지 않고 하고 싶은 말을 다 하고 다니면 더 무서운 불신의 전염병이 돌게 된다. 지금은 극심한 소통 위기의 시대이기에 전염병의 파급 효과는 더욱 클 것이다.

배 속의 태아에게 가장 먼저 발달하는 감각기관이 바로 청각기관이라고 한다. 그래서 태아 음악과 태아 교육이 중요하다고 한다. 사람이 세상을 떠날 때 가장 늦게 닫히는 감각기관도 바로 청각기관이다. 신은 이 자연의 이치로 우리에게 경청의 중요성을 이야기해 주고 있다. 경청하지 않으려면 소통의 장에 감히 나서지 말아야 한다. 맹수에게 살육당하는 사슴의 비극을 보고 난 후 되돌리기는 너무 늦는 일이다.

누가 루비콘을 건널 것인가

|

중앙시평, 〈중앙일보〉, 2012. 1. 7.

기원전 49년 로마 속주 갈리아의 집정관 율리우스 카이사르는 장고長考 끝에 루비콘강을 건넜다. 그리고 로마 원로원의 후원을 업은 폼페이우스와 일전一戰을 치르게 된다. 승리의 신은 카이사르의 편이었다. 정권을 잡은 카이사르는 결국 개혁을 완성하지 못한 채 브루투스에 의해 암살된다. 화려한 로마 제정의 꿈은 그의 후계자 옥타비아누스에 의해 비로소 꽃을 피운다.

　카이사르는 전사戰士로서의 그의 인생에서 수없이 많은 강을 건넜다. 그러나 루비콘 이외에 다른 강들은 역사에 기록되지 않았다. 루비콘이라는 작은 강을 건넌 전사도 수없이 많았다. 그러나 그들의 이름도 일일이 역사에 기록되지 않았다. 다른 전사들과 달리 카이사르는 로마법이 금지한 군대를 동반함으로써 고집불통 원로원에 저항하는 초강성 메시지를 앞세워 루비콘을 건넜다. 그래서 고대 로마의 많은 강 중 유독 루비콘만이 기억된다. 그래서 많은 전사들 중 오직 카이사르만이 특별한 역사적 의미를 갖게 됐다.

2012년 한국 사회의 루비콘은 무엇인가. 누가 선두에 서서 어떻게 건널 것인가. 한나라당은 비상대책위원회를 동원해 역사의 강을 건너려 하고 있다. 70대의 노장 정치인과 20대의 청년을 함께 선발대에 편성했다. 그동안 애용해 왔던 '보수'의 깃발을 잠시 내리고 '소통'과 '복지'의 깃발을 새로 올리면서 강 건널 채비를 하고 있다. 문제는 보수 자체에 있었던 것이 아니고 보수의 진정한 가치에 대한 숙고와 실천의 부재에 있었던 것을 아직도 모르는 것 같다. 그럭저럭 소통만 되면 오해가 풀릴 것이라는 막연한 기대감의 근거가 무엇인지 모르겠다. 무엇을 위한 보수였는지 스스로도 잘 몰랐던 건 아닌가 하는 의심도 든다. 앞으로 어떤 비전을 줄 것인지에 대한 고민도 루비콘 앞에 선 카이사르의 로마의 미래에 대한 숙고의 수준에 한참 미흡해 보인다.

 민주통합당은 대표 경선에 모바일 투표의 비중을 크게 늘리는 방법으로 소통과 참여의 장을 확대하고 있다. 나름대로의 루비콘을 건널 준비의 시작이다. 그런데 정작 각 후보와 정파의 관심은 투표 결과의 손익계산서에만 있는 것 같다. 우리 사회 진보의 방향성과 비전을 바탕으로 국가라는 팀 전체의 궁극적 승리를 위해 노력하는 정공법은 눈에 띄지 않는다. 플레이어 각자가 상대 팀의 실책을 틈타 개인 공격점수를 늘리고 이를 통해 다음 시즌 개인 연봉협상에 대비하고 있는 것은 아닌지 의심된다. 그래서는 국민과 함께 루비콘을 건너기 힘들다. 설사 건넌다 해도 미래가 매우 불투명하다.

　루비콘 앞에 선 또 한 명의 전사는 안철수 원장이다.　상처받은 청년들의 영혼을 위로하고 나눔의 문화를 선도하면서 서서히 도강渡江 준비를 하고 있다.　등판 주기를 과하지도 부족하지도 않게 적절히 조절하고 있다.　최소한 소통 측면에서는 잘 준비된 전사의 면모를 보여 주고 있다.　역시 그에게도 문제는 소통의 내용이다.　국가 경영에 대한 비전의 문제다.　이제는 IT산업과 융합기술의 범주를 넘어서 급변하는 한반도 정세와 국제 경제,　내수 경제와 복지,　경제적 양극화와 사회 갈등,　교육과 미래 한국에 대한 비전의 깃발과 그 색깔을 보여 줘야 한다.　그래야 루비콘 강가에 같이 선 군사들이 동요하지 않는다.

　지금 국민이 생각하는 국가 리더십의 첫째 요건은 '신실信實함'이다.　신실함의 반대어는 '위선僞善'이다.　국민들은 겉으로는 현란해 보이지만 속은 다른 정치공학 구호의 위선을 잘 알고 있다. 보수이건 진보이건,　혹은 그 중간 어디이건 간에 '뼛속부터' 한결 같은 모습을 국민들은 기다린다.　표피적이고 허위적인 정치공학 수준이 아닌 본질적 통치철학 차원의 소통이 그래서 필요하다.

　또 하나의 요건은 국가 통치자로서의 '결단력'과 '용기勇氣'다. 카이사르에게 루비콘을 건너는 결단의 순간은 피를 말리는 고통의 시간이었다.　초인적 용기가 필요했음이 분명하다.　예측을 불허하는 작금의 국내외 정치·경제 상황은 순간순간 루비콘을 건너는 수준 이상의 결단과 용기를 요구한다. 중요한 순간 머뭇머 뭇하는 이도지도 아니다. 체화體化된 통치철학과 소통의 내공으로 왜 강을 건너야 하는지 설득하고 함께 손을 잡고 건널 시점을 결단하는 용기의 리더십을 우리는 기다리고 있다.

금년 내내 언론은 대선후보 검증에 온 힘을 쏟을 것이다. 후보들이 국민들과 어떤 소통을 하고 있는지 눈여겨봐 주길 부탁한다. 특히 정치공학을 위한 수단적 소통과 통치철학에 대한 본질적 소통을 제대로 구별해 줄 것을 부탁한다. 어려운 시기를 극복할 결단력과 용기 또한 분명히 검증해 주기를 부탁한다. 결국은 우리 국민 모두가 함께 넘어가야 할 루비콘이 역사에 과연 어떻게 기록될 것인가를 잘 생각하면서 말이다.

보이지 않는 창과 숨겨진 창

|

중앙시평, 〈중앙일보〉, 2012. 1. 28.

2011년 세밑 〈교수신문〉이 선정한 사자성어 '엄이도종掩耳盜鐘'을 다시 생각해 본다. 종을 훔치려 한 도둑이 종이 너무 커서 깨서 가져가려다 소리가 너무 커 자기 귀를 막았다는 춘추시대 일화에서 유래했다. 자기가 한 일은 생각하지 않고 남의 비난이나 비판을 듣기 싫어 귀를 막지만 소용이 없다는 의미다. 지난 한 해 국가와 사회의 불통不通의 아픔을 극명하게 보여 줬다. 금년 한 해도 이 사자성어는 인구人口에 회자膾炙될 것 같다.

결국 소통이 문제다. 자식에게 따뜻한 세끼 밥을 챙겨 준다고 부모의 의무가 끝나는 것은 아니다. 자식의 성장통成長痛을 어루만져 주는 소통 없이 부모의 책임을 다했다고 보기 힘들다. 대학도, 기업도, 정부도, 그리고 정치인도 이 책임에서 자유롭지 않다. 소통이 없기에 가진 자와 갖지 못한 자 간의 반목反目이 더 심각하다. 서로 다른 세대 간의 불협화음도 더욱 심하다. 정치인과 국민의 불통不通 지수는 연일 상종가다.

역사 속에서 소통의 부재 시대에 이득을 취하는 것은 늘 힘을 가진 기득권자들이었다. 점령군과 독재정권에는 군이 소통이 필요하지 않았다. 오히려 불통이 일방적 무력통치의 명분이었고, 한편 무기이기도 했다. 소통을 포기하고 힘을 행사해도 사회가 돌아갔던 시절이 있었다. 그러나 이 시대에는 더 이상 불통의 통치가 먹히지 않는다. 소통이 정치의 중요한 인프라인 시대에 우리는 살고 있다.

문제는 우리 사회의 소통의 '창窓'에 있다. 소통이란 서로가 바라보는 창을 통해 자신과 다른 사람의 관계를 설정하고 대화를 유지하는 과정이다. 그래서 이상적인 소통의 창은 투명해야 하고 또한 순결해야 한다. 이를 기반으로 사회의 원칙과 신뢰의 인프라가 만들어진다.

심리학자 조셉 루프트와 해리 잉검은 자신의 이름들을 따서 '조하리의 창Johari's Window'을 제시한 바 있다. 조하리의 창에 의하면 이상적인 소통은 자신과 다른 사람이 아는 것과 일치되는 '이미 열린 창'을 통해서만 가능하다. 다른 사람들은 다 알지만 자신만 모르는 영역의 '보이지 않는 창'이 불통의 원인이다. 벌거벗은 임금님의 예화가 여기에 해당된다. 자식들은 다 아는데 부모만 모르는 경우다. 국민들은 다 아는데 정치인만 모르는 경우다. 보이지 않는 불통의 창을 열어 소통의 창으로 전환하기 위한 유일한 방책은 진정성 담긴 '경청'이다.

'슈스케' 오디션 방식을 통해 젊은 세대에 다가가려는 노력도,

그리고 당의 이름을 바꿔 보려는 시도도 모두 가상하다. 그런데 너무 즉흥적이고 너무 서두르기만 하는 것 같다. 정말 국민들의 이야기를 듣고 있는지 의심된다. 또 다른 보이지 않는 창을 만드는 것은 아닌지 우려된다. 진정성 담긴 경청의 필수 요건은 국민에 대한 존경과 배려다. 부모가 있기에 자녀가 있다는 생각은 더이상 아니다. 자녀가 있기에 부모가 있다는 방향으로 생각을 바꿔야 한다. 국민이 있기에 정부가 있고 또한 정치가 있다는 사고로의 획기적인 전환이 필요하다.

또 다른 불통의 창은 자신은 알고 있는 것을 다른 사람은 모르는 '숨겨진 창'이다. 숨겨진 창을 열기 위해 흔히 대국민 홍보와 설득 '전략'을 먼저 떠올린다. 광고와 홍보 전략의 기술자가 창을 열어 줄 것이라고 기대한다. 그러나 그보다 더 중요한 것은 진정성 담긴 '민얼굴'의 자기표현이다. 화려한 전략과 전술의 화장을 지우고 민얼굴의 직접 대면과 소통의 노력이 필요하다. 골프 치지 않고, 공공장소에서 금연하며, 막말하지 않겠다는 자기표현에는 너무 진한 화장 냄새가 감지된다. 트위터 역량지수와 페이스북 실적을 통한 공천 방식도 현시적 트렌드만 좇는 수준 낮은 마케팅 전략 이상이 아닌 것 같다.

전략이 아닌 본질을 이야기해야 한다. 급변하는 한반도 정세와 외교 통상 현안, 내수 경제와 복지, 교육의 미래에 대한 국민과의 숙의熟議을 위한 화두를 던지는 정공법이 필요하다. 다른 생각들도 포용할 수 있는 소통의 창을 열어야 한다. 늘 나만 옳다고 주장해서는 안 된다는 문재인 이사장의 최근 발언은 이 점에서 매우 시사적이다. 일방적인 자기주장만 난무하면 숨겨진 창은 더 커지고 사회의 불통지수는 더욱 높아진다.

정치는 소통이다. 열려진 창을 통한 건전한 소통이다. 민얼굴로 대면하는 진정성 담긴 소통이다. 이를 통해 사회의 원칙과 신뢰라는 소중한 자산의 부가가치를 늘려 가는 것이 바로 정치다. 보이지 않는 창과 숨겨진 창 뒤에 숨어 있는 정치는 정도正道가 아니다. 정도가 아닌 정치는 불과 몇 년 후 또 다른 당 이름의 작명과 또 다른 정치 쇄신의 위기를 불러올 것이 명약관화明若觀火하다. 올해 말에는 '존문행지尊聞行知'를 이야기했으면 한다. 존경하는 마음으로 듣고 소통하며 실천한 한 해라는 의미다.

공약이 지켜지지 못한 후

|

매경시평, 〈매일경제〉, 2013. 10. 6.

세종시 수정안 논란이 한창이던 2010년 1월, 당시 정몽준 한나라당 대표가 중국 고사 '미생지신尾生之信'을 인용했다. 폭우에도 불구하고 한 여인과 한 약속을 지키기 위해 다리 밑을 떠나지 않다 죽은 노나라 청년 미생에 관한 일화가 그것이다. 당시 정 대표는 미생의 고지식함을 빗대 원칙에 입각한 원안 고수를 주장한 한 정치인을 우회적으로 비판했다.

그러나 미생에 대한 그 정치인의 해석은 달랐다. 목숨을 던져 약속을 지킨 신의와 원칙을 오히려 높이 사야 한다는 것이었다. 전자는 《장자莊子》 도척 편에 등장하는 해석과 같고, 후자는 《사기史記》에 나오는 소진의 해석과 궤를 같이한다. 당시 원칙론은 국민에게 매우 신선하게 받아들여졌다. 이를 정치적 자산으로 대중적 지지를 넓히는 데 성공한 정치인이 바로 박근혜 대통령이다.

박 대통령은 핵심 대선 공약 중 하나인 기초연금을 국민연금과 연계하여 실시하는 정책을 내놓으면서 다시 한 번 중요한 정치적 시험대에 올랐다. 국가 복지예산은 국가재원의 종속변수다. 따라서 복잡한 셈법을 동원한 이성적·논리적인 정책 논의가 우선적으로 필요하다. 복지정책을 위한 실무 기초작업은 당연히 국가재정과 복지 전문가들 책임이다. 그러나 정책 실행을 위한 국민 정서 기반 조성이라는 공적 책무는 대통령에게 있다.

국민 다수는 국가재정과 기초연금 사이 복잡한 셈법을 정확히 알 수 없다. 그러나 국민은 정치행위의 진정성을 예민하게 감별할 수 있는 매우 발달된 '촉수觸手'를 갖고 있다. 주무 장관이 사직하고 그 배경에 대한 설이 난무하고 있다. 심지어는 대통령이 처음부터 기초연금 개념을 이해하지 못했다는 이야기가 나올 정도다. 대통령의 원칙은 자신만의 원칙이라는 이야기도 있다. 여론조사에 나타나는 국정지지율 지표도 하향세다. 신의와 원칙의 정치에 대한 국민의 기대가 무너지는 것이 어찌 보면 국가 재원의 위기보다 더 심각한 문제다.

미국 팩트체킹 언론기관인 폴리티팩트는 버락 오바마 후보 대표 공약 532개를 실시간 추적하며 이행 여부를 점검하고 있다. 이를 '오바미터Obameter'라고 부른다. 올해 10월 초 현재 오바마 대통령 공약 중 45%가 '이행 완료'고, 25%가 '협의 중', 22%가 '파기'인 것으로 나타났다. 백악관 정무·홍보 스태프의 주요 일상 업무 중 하나가 오바미터를 따라 읽고 아직 협의 중이거나 파기된 공약에 대해 대언론·대국민 브리핑을 준비하는 것인 이유가 여기에 있다. 이미 실행된 공약보다 아직 협의 중이거나 파기된 공약에 대해서 더 적극적으로 소통하고 설득할 필요가 있기 때문이다.

약속은 지켜져야 한다. 그러나 모든 약속이 지켜질 수는 없다. 매우 유감이지만 선거공약도 지켜지지 못하는 현실적 문제가 분명히 있다. 문제는 그다음이다. 왜 특정 공약이 지체되고 있으며 왜 절충과 변경이 불가피한지에 대한 설명방식의 문제다. 그 설명방식에 어떤 원칙이 있는지 도대체 알기 힘들 때 대통령에 대한 국정신뢰도는 급격히 실추된다. 이는 대통력 통치능력 추락과 직결된다.

대통령은 본인 공약이 구체적인 실행에 이르는 혹은 이르지 못한 이유와 과정을 보다 진지하고 소상하게 설명해야 한다. 국무회의 자리가 아닌 대국민 대화 자리에서 설명해야 한다. 정치인의 감탄고토甘吞苦吐에 식상한 국민이 신뢰와 원칙 그리고 진정성의 정치에 다시 고개를 끄덕일 때까지 우직하게 계속해야 할 일이다. 그것이 지금 대통령에게 요구되는 정치다. 미생이 미련할 정도로 고지식한 데 대한 소진의 해석이 여기에서 다시 한 번 유용하다.

제갈공명의 눈물과 박 대통령의 눈물

매경시평, 〈매일경제〉, 2014. 7. 20.

다시 읍참마속泣斬馬謖을 생각한다. 촉나라 승상 제갈공명이 국법
을 바로 세우기 위해 눈물로 아끼던 부하 마속의 목을 베었다는
일화에 유래한다. 사사로운 인정보다 공적 명분이 우선해야 한다
는 교훈으로 자주 인용되는 고사다. 그런데 당시의 역사를 자세
히 들여다보면 그 이상으로 되새겨 보아야 할 것이 있다.

당대의 라이벌 사마의가 이끄는 위나라 대군에 맞선 일생일대
의 격전을 앞두고 실전 경험이 없었던 마속을 선봉에 내세운 것은
희대의 전략가였던 공명의 큰 오판이었다. 근시안적 수첩인사였
다. 마속은 미숙한 판단으로 진지를 산 위에 지었다. 이를 놓칠
리 없는 적장 사마의가 보급로를 차단하고 포위 공격하자 마속은
자신의 목숨만 간신히 부지한 채 패장이 되어 돌아왔다. 촉나라
의 중원 정복과 삼국 통일의 오랜 숙원이 수포로 돌아가는 순간이
었다.

공명은 그 책임을 마속에게만 전가하지 않았다. 직접 후주에게
서신을 올려 스스로를 3등급 강등해 승상이 아닌 우장군으로 계

속 참전했다. 마속이 공명심으로 선봉에 자원했고 경솔함으로 일을 그르치기는 했으나 그 책임은 마속을 선봉에 임명한 자신에게 있음을 분명히 했다. 자신의 인사 오류를 솔직히 시인하는 책임 정치를 충실히 이행했다.

　박근혜 대통령이 지명한 두 명의 국무총리 후보가 물러났고 정홍원 총리가 다시 제자리로 돌아왔다. 김명수 사회부총리 겸 교육부 장관 후보와 정성근 문화체육관광부 장관 후보가 국회청문회를 거치면서 낙마했다. 유진룡 전 장관은 후임도 채 결정되지 않은 상태에서 석연치 않은 소문만 남기고 면직됐다. 대통령 취임 후 1년 반 동안 인사가 문제 아니었던 적이 없다. 그러나 이는 지난 두 달여 보여 준 인사 난맥상의 예고편 정도였다.

　국회 청문회에서 야당이 정책 청문이 아닌 도덕성 흠집내기 정쟁을 하고 있다는 비판도 있다. 그러나 청문회에서 고전할 것이라는 예상과는 달리 진정성 있는 대응과 정책 소신으로 높은 문턱을 넘은 후보도 있었다. 이런 후보들을 더 폭넓게 선발해 선봉에 세웠다면 분위기가 지금보다 훨씬 더 좋았을 것이다.

　대통령이 지금 쓰고 있는 그 작은 수첩을 이제는 내려놔야 한다. 수첩 속의 사사로운 과거 관계들의 기억도 내려놔야 한다. 혹 누군가 면전에서 고언을 해 심기가 불편했던 기억이 있다면 그것도 내려놔야 한다. 누군가 감언을 해 어여삐 보였던 기억이 있다면 그것도 내려놔야 한다.

그리고 새 수첩으로 다시 시작해야 한다. 새 수첩은 좀 더 큰 수첩이었으면 한다. 그 속에 등용할 인물들에 대한 보다 다층적인 정보들이 충실히 담겨야 하기 때문이다. 나날이 발전하는 정보기술IT의 활용도 고려했으면 한다. 대통령뿐 아니고 각 분야의 전문가, 그리고 각계각층의 국민이 데이터 입력을 할 수 있다면 금상첨화錦上添花다.

정부 인사의 최종 판단은 물론 임명권자인 대통령의 몫이다. 궁극적 책임 또한 대통령에게 있다. 그래도 차관급 이하 정부 인사의 권한과 책임의 상당 부분은 총리와 주무 장관에게 넘기는 것이 좋겠다. 장관도 자신의 책임하에서 자신의 수첩을 들여다보게 해줄 필요가 있다. 최종 임명권자의 오판을 막을 수 있는 장치이기도 하다.

다시 읍참마속을 생각한다. 사랑하는 부하의 목을 베어야 하는 운명에 접한 인정의 눈물, 공명의 눈물은 그 이상이었다. 부하의 목을 다시 시신에 봉합해 안치한 후 계급 강등된 장수로서 다시 격렬한 전장에 나서야 하는 공명, 그의 눈물은 처절한 각오로 점철된 피눈물이었을 것이다. 지금 대통령에게, 그리고 그의 주위에 공명의 눈물이 필요하다.

소통의 동맥경화 치유하려면

|

매경시평, 〈매일경제〉, 2014. 12. 14.

신뢰는 가장 중요한 리더의 덕목이다. 신뢰받지 못하는 리더가 이야기하는 미래 비전은 공허한 메아리다. 미래 비전을 공유하지 못하는 구성원들에게 어려운 길을 함께 걸어가자고 감히 요구할 수 없다. 구성원들이 일단 등을 돌리고 귀를 막으면 더 이상 이야기할 수 없으니 답답한 노릇이다. 그 이후에 조직의 실제적 운영은 불가능해진다.

임금님 귀는 당나귀 귀라고 빈정대는 백성의 이야기가 임금님 귀에 더 이상 들리지 않는다면, 이미 이들 간의 쌍방형 채널 혈관에 심한 노폐물이 쌓여 심각한 중증 순환계 질환의 우려를 보이고 있다고 봐도 좋다. 언제 갑자기 쓰러질지 모른다. 그래서 신뢰를 잃고 소통 능력을 잃은 리더가 이끄는 조직의 운명은 매우 비관적이다.

한번 추락한 신뢰를 다시 회복하는 것은 쉽지 않다. 우선 혈관 내시경으로 신뢰 실추의 고위험 부위를 찾아내 즉각 시술하는 것을 고려해야 한다. 고위험 혈관 협착 부위가 발견된다면, 환자는 이를 인정해야 한다. 전문의사가 내린 진단을 환자와 가족, 보호자가 나서서 아니라고 우기는 미련스러움은 중병을 자초한다. 늦기 전에 손을 대야 한다는 의사의 조언을 매우 심각하게 받아들여야 한다.

고위험 부위에 대한 시술 한 번으로 모든 신뢰의 위협 요인이 사라지는 것은 결코 아니다. 지속적인 혈관 모니터링 시스템을 구축해야 한다. 그다음 순환계 질환에 좋지 않은 습관을 버리는 결단이 중요하다. 꾸준히 운동도 해야 하고, 식생활도 고쳐야 한다. 다음 혈관 내시경에서는 막힌 부분들이 시원하게 치유되어 깔끔하게 보일 것이라는 희망을 갖고 정진해야 한다.

신뢰 회복의 궁극적인 처방은 투명성이다. 환자가 몸의 이상을 의사에게 숨기고 정확한 진단과 처방을 기대할 수 없다. 환자가 가족과 친구들에게 자신의 몸의 상황을 솔직히 고백하지 않고서 나쁜 습관을 버릴 수 없다. 리더는 구성원들에게 자신의 몸과 마음의 상태를 정직하게 알려야 한다. 지금까지의 어려움의 원인이 무엇이었는지 솔직히 고백해야 한다. 그리고 어떤 방식으로 건강을 회복할 계획이며 이를 어떻게 실천할 것인지를 진정성 있게 약속해야 한다. 그리고 그 약속들을 매우 투명하게 실행해야 한다. 그 후에야 혈관 소통의 고위험 부분들이 조금씩 치유된다. 국민의 이야기를 경청하기 시작한다. 자신의 이야기를 경청하는 국민의 모습을 볼 수 있다. 그다음 비로소 리더의 신뢰와 품격 회복을 생각할 수 있다.

박근혜 대통령 비선 조직과 청와대 문건 유출에 대한 검찰 수사가 한창이다. 대통령과 청와대의 수사 가이드라인 제시는 대국민 소통 순환계 질환 관리에 매우 치명적 발상이었다. 안 그래도 지쳐 있는 혈관에 또 다른 노폐물을 적재한 셈이다. 소통의 혈관은 더 닫히고, 신뢰 회복의 골든타임은 영원히 지나쳐 버리는 것이 아닌지 우려된다.

더 이상의 수사 가이드라인은 안 된다. 전문의사에게 진료 가이드라인을 줘서는 안 되는 것과 같은 이치다. 검찰이 정확한 진단을 하도록 도와주는 것이 지금 청와대가 할 일이다. 혈관의 고위험 부위를 찾아내고 이를 적극적으로 치료할 수 있도록 자신의 몸을 모두 맡겨야 한다. 검찰은 환자와 보호자, 가족들로부터 독립적이고 자율적인 진단과 치료에 전념해야 한다. 환자의 의사와 관계없이 전문적인 진단 결과를 밝히고 처방을 내려야 한다.

문건 유출 혐의로 조사받던 최모 경위가 스스로 목숨을 끊었다. 배경이 무엇이든 매우 가슴 아픈 일이다. 대통령의 소통 부재와 신뢰 추락으로 인한 사회적 비용이 너무나 크다. 3년이 남았다. 그리고 우리의 미래는 훨씬 더 길다. 이제 소통과 신뢰 회복을 바탕으로 우리의 미래 비전을 다시 이야기하고 설계해 나가야 한다.

그래도 우리가 스윙보트를 해야 하는 이유

|

아침을 열며, 〈한국일보〉, 2021. 2. 15.

2008년 개봉한 〈스윙보트*Swing Vote*〉는 할리우드 스타 케빈 코스트너가 미국 대통령 선거를 앞두고 국민의 투표 참여를 독려하기 위해 제작에 참여하고 직접 주연을 맡은 영화다. 일상의 책임감과 목적의식 없이 하루하루 살아가는 주인공 버드의 재투표 한 표가 미국 대통령을 결정하는 스윙보트가 됐다.

후보들은 버드의 취향과 관심을 좇는 치열한 표심잡기 경쟁을 벌이고, 언론은 이를 교묘하게 부추긴다. 정당 정책이 하루아침에 바뀌고, 지키지 못할 공약이 남발된다. 자신의 한 표의 무게를 절감한 버드가 의미 있는 웃음을 지으며 투표소로 들어가는 장면으로 영화는 끝난다.

황당한 소재의 코미디 영화가 새삼 다시 떠오른 이유는 다가오는 또 한 번의 선거 때문이다. 무책임한 공약 남발의 블랙 코미디가 우리 현실에도 이미 보이기 때문이다. 서울시장과 부산시장 보궐선거 당선자의 임기는 1년 2개월이 조금 못 된다. 그런데 예비 후보자들은 4년 임기 시장도 하기 힘든 공약을 연일 토해 내고 있다.

한 여당 서울시장 예비후보는 이른바 '21분 공약'을 내세우며 출퇴근, 통학, 병원 문제를 모두 해결하고 궁극적으로 탄소 제로 사회를 만들겠다고 한다. 대도시의 교통, 교육, 의료 복지 인프라를 재편성하는 매우 혁신적인 공약이다. 그러나 임기 중 이를 달성하려면 엄청난 신통력이 필요하다. 불도저식 행정이 불가피한데, 이를 위해서는 시민적 협의 과정을 생략하고 규제의 벽을 일거에 무너뜨리는 무리수가 필요하다. 우리는 이를 '다수의 폭정'이라 부른다. 일단 일을 벌이고 연임하면 된다고 할지 모른다. 그러나 그건 또 다른 시민의 선택 문제다. 미래는 있으나 현실은 없는 공약이다.

한 야당 예비후보는 결혼과 출산 시 최대 1억 원 이상의 보조금 공약을 제시했다. 청년 세대의 아픔을 보듬고자 준비된 야심 찬 공약이다. 그러나 이 보조금이 다음 세대 서울시민의 행복과 어떻게 연결되는지에 대한 설명은 부족하다. 결혼과 출산으로 새롭게 출발하는 가족의 의미는 과연 무엇이며, 이를 어떻게 지속가능한 공동체로 자리 잡게 할 것인지에 대한 구체적인 비전이 없다. 현재만 있고 미래는 없는 '포퓰리즘' 공약이다.

선거전이 뜨거워지면 결국 여당 후보는 안정적 국정 운영을 위해 자신을 지지해 달라 하고, 야당 후보는 정권 심판을 위해 자신을 지지해 달라 호소할 것이다. 그것이 가장 효과적인 선거전략이라는 것을 정치인 출신 후보들은 잘 알고 있다. 서울시장과 부산시장 신거는 지방자치단체장 선거다. 지역자치 행정의 고유 영역을 국가권력을 둘러싼 정쟁의 볼모로 언제까지 계속 활용할 것인지 묻고 싶다.

영화 속에서 버드의 열두 살 딸 몰리가 이런 이야기를 한다. "속박에서 자유로, 자유에서 번영으로, 번영에서 만족으로, 만족에서 무관심으로, 그리고 무관심에서 다시 속박으로."

현실정치가 우리를 자주 화나게 하지만, 그래도 우리는 무관심을 떨치고 스윙보트를 해야 한다. 시민 스스로가 지역공동체의 미래를 걱정하고 얘기해야 한다. 투표를 통해 속박의 시대를 넘어 다시 자유의 시대를 만들어 가야 한다. 존 스튜어트 밀이 《자유론》(1859) 서장에서 말한 "시민적, 혹은 사회적 자유"를 회복해야 한다. 몰리는 밀의 논지를 평이하게, 그러나 매우 분명하게 풀어냈다.

포퓰리즘의 함정과 공화주의적 공동선善

아침을 열며, 〈한국일보〉, 2021. 5. 31.

제 22대 대통령 선거 여당 예비후보들이 복지공약을 연일 쏟아 내고 있다. 이재명 지사는 그동안 재미 본 기본소득을 다시 내세우며 보편복지 이슈를 선점하고 있다. 이낙연 전 대표는 아동수당 확대 등을 중심으로 신복지정책 공약을 던졌다. 정세균 전 총리는 20세 청년을 위한 1억 원 적립형 통장 공약으로 20~30대 유권자에게 다가서고 있다.

과연 국가 재원이 보편복지 공약을 감당할 수 있는가. 증세 없는 복지는 불가능하지 않은가. 국가 경제발전의 미래 청사진은 함께 그리고 있는가. 이런 질문들에 대해 속 시원한 대답을 내놓지 않아 국민들은 매우 혼란스럽다. 다행히 이러한 국민의 시선을 의식해 재원조달 방법을 부분적으로 언급하기 시작했지만 흡족한 수준은 아니다. 범야권 후보들까지 합세하면, 이번 대선은 복지정책의 대경연장이 될 것 같다.

달콤한 공약이 5년의 집권을 가능하게 할지는 모른다. 그러나 이에 대한 후대 역사가의 평가는 매우 엄중할 것이다. 연일 공약을 발표하는 예비후보들이 과연 국민의 자유와 권리, 그리고 행복에 내한 근본적 고민을 하고 있는지 묻고 싶다. 성찰이 없는 정치는 대중의 함성에 쉽게 휘둘려 국가 대계를 그르칠 우려가 크기 때문이다.

국민의 이야기를 듣고 국민의 뜻을 존중하는 민주주의 관점에서 포퓰리즘 자체를 부정적으로 볼 이유는 없다. 그러나 성찰 없는 포퓰리즘은 천박한 우민정치를 낳고, 그 결과가 국가의 재정 파탄이라면 책임은 다시 국민 모두에게 귀결된다는 단순한 논리에 대한 답도 명쾌하게 제시하지 못한다면 큰 문제다.

공교롭게도 여당의 유력 예비후보들이 모두 대학에서 법학을 공부했고, 야권 후보들 중에도 법학 전공자가 수두룩하다. 그래서 이 문제의 해법을 대한민국 헌법 1조 1항의 "대한민국은 민주공화국이다"라는 언명에서 찾는 것이 이들에게 좀 더 와닿는 이야기가 될 것 같다. 이는 국가의 기본 운영원리가 '민주주의'와 '공화주의'에 있음에 대한 천명이다.

민주주의의 핵심 가치는 국민이 스스로를 권리와 자유의 주체로 설정하는 데 있다. 국민에 의한 국민을 위한 정치가 곧 민주주의다. 그래서 민주주의 국가는 국민이 직접 투표해 대표를 뽑는 대의민주주의 방식을 택하는데, 여기에서 문제가 되는 것이 표를 얻기 위해 감수해야 하는 포퓰리즘의 함정이다.

한편 공화주의는 국민이 스스로의 시민적 자유를 확대해 공동체의 선을 추구하는 주체로 본다는 점에서 민주주의의 자유론보다 더 적극적 의미의 자유 개념에 기초한다. 그런 의미에서 공화주의적 자유 개념은 민주주의의 자유 개념에 보완적이다. 즉, 공화주의는 책임감 있고 도덕적인 공동체 시민의 덕성을 고양함으로써 민주주의를 지속가능하게 한다.

매우 유감스럽게도 여권 대선주자의 복지공약은 국민의 소극적 자유 중심의 민주주의 가치에 지나치게 매몰되어 지속가능한 공동체적 자유라는 공화주의 가치를 잊고 있다. 그리고 공약의 남발로 국민을 우매하게 만들고, 그 위에 권력을 잡으려 한다.

제22대 대통령도 여느 대통령처럼 취임식에서 헌법에 손을 올리고 경건하게 취임선서를 할 것이다. 취임하기 전에, 아니 국민에게 지지를 호소하기 전에 민주주의와 공화주의 가치를 동시에 존중하는 헌법정신을 다시 한 번 생각해 보기 바란다.

그리고 정치공학적 복지정책보다 시민의 자유에 대한 공공철학을 먼저 고민할 것을 권고한다. 이상적이지만 완벽하지는 않은 민주주의 제도의 완성도를 높이기 위해 공화주의적 공동선과 시민적 덕성의 가치를 신중히 성찰하기 바란다.

36세 이준석, 미래를 품는 정치를 해야

|

아침을 열며, 〈한국일보〉, 2021. 6. 21.

젊은 정치인 이준석이 야당 대표로 당선되고 일주일 동안 '이준석 현상'의 배경과 전망에 대한 보도와 평론이 줄을 잇고 있다. 첫째, 여의도 정치권 계파 카르텔의 견고한 담을 넘어서고자 한 유쾌한 도전의 성공이었다고 이야기한다. 둘째, 청년세대가 경제성장의 정체와 세습 능력주의로 숨이 막혀 가는 현실에서 공정한 경쟁의 자유와 권리의 공간을 찾고자 하는 열망이 분출됐다고도 이야기한다. 셋째, 1980년대 이후 출생한 MZ세대의 실용적 소통정치가 미래정치의 뉴 노멀이 되리라고 전망한다.

이 대표는 정치권 음지에서 10여 년간 내공을 쌓으며 카르텔에 대한 도전, 공정한 경쟁, 실용적 소통에 대한 국민의 기대를 잘 이해하고 있었다. 여기까지는 그의 당 대표 도전기 서막의 흥행을 위한 필요충분조건을 모두 갖췄다. 이제 국민들은 2막과 3막으로 이어질 역동적 스토리텔링을 애정의 눈길로 주시하고 있다.

첫째, 이 대표는 9개월 앞으로 다가온 대통령 선거 너머의 국가 미래를 생각해야 한다. 임박한 대통령 선거 승리가 최우선 과제라고 얘기하는 것은 그를 선택한 지지자들의 환호에 보답하기 위해 당연한 일이다. 그러나 정권교체의 목표에 따른 정치공학에만 지나치게 집착해 그가 그동안 이야기해 온 미래 희망을 잊어버리면, 국민은 이를 금세 눈치채고 그가 말한 새로운 정치에 대한 기대를 거둘 것이다.

특히, 이 대표가 당 대표 선출 국민 여론투표에서 1위를 했다는 점에 의미가 있다. 적어도 현재 시점에서 그는 공당의 대표임과 동시에 국민이 선택한 청년세대의 대표다. 국민, 특히 청년세대는 역사상 유례없는 문명사의 대변혁기에 경제, 산업, 일자리, 교육, 복지, 외교, 안보 등 분야를 포괄하는 새 메뉴를 과감히 짜 줄 것을 정치권에 강하게 요구한다는 점을 명심해야 한다.

둘째, 미래세대가 중심이 되는 세대 화합과 협력의 구체적인 방법을 제시해야 한다. 미래사회는 미래세대의 손에 의해 설계되고 만들어져야 한다. 태어날 때부터 선진국 국민이고 글로벌 시민이고 디지털 네이티브인 MZ세대가 미래 설계의 적임자임을 전혀 의심치 않는다. 또한 이들의 능력은 세대 간 가치와 이해의 충돌과 갈등을 예견하고, 화합과 협력을 만들어 가는 데에도 동일하게 적용되리라 믿고 기대한다.

삼촌 나이의 비서실장과 정책위원장을 정중히 모시고 대표직을 시작하는 모습은 매우 인상적이었다. 이것이 정치적 처신을 위한 전략을 넘어 진정성 있는 화합형, 협력형 미래 설계의 과정이었다고 믿는다. 물론 여기에 삼촌, 이모 세대의 넓은 아량과 협력도 반드시 필요하다. 배제가 아닌 포용이 미래정치의 또 다른 핵심 가치여야 한다.

셋째, 본질적인 것에는 확고한 원칙을 고수하지만, 비본질적인 것에는 무한한 자유와 관용을 실천하는 정치를 했으면 한다. 국가통치의 본질적인 원칙은 토론과 협상의 정치행위를 통해 만들어진다. 이 과정을 통해 1960년대 이후 산업화와 1987년 이후 민주화의 가치를 넘어서, 자유와 공생의 미래사회라는 새로운 원칙과 지향점을 분명히 해야 한다.

현재 우리가 살아가는 2021년은 더 이상 경직화된 이념의 시대가 아니고, 실용과 유연성의 시대다. 정치인이 '따릉이'를 타고 국회에 등원하는 것은 이미 글로벌 스탠더드다. 우리만 강박적으로 검은 세단을 탔을 뿐이다. 타운홀 미팅에서 정치인과 시민이 자유롭게 대화하는 것도 글로벌 스탠더드다. 우리 정치만 유독 의전^{儀典} 시나리오를 중시했을 뿐이다. 부디 우리 정치의 수준은 한 단계 높이고 문턱은 한 단계 낮추는, 그래서 국민 모두의 미래를 품는 정치를 펼치기를 기대한다.

미래의 시간, 3배의 경쟁력을 준비하고 있는가

|

아침을 열며, 〈한국일보〉, 2021. 8. 2.

제 20대 대통령 선거일을 향해 대선 시계는 빠르게 가고 있다. 그러나 우리 정치권은 여전히 과거 시제에 머물고 있다. 여야 예비 후보들의 과거 행적에 대한 검증도 물론 필요하다. 그러나 더 중요한 것은 '미래의 시간'이다.

단임제 대통령의 임기 5년은 매우 짧다. 당선 이후에 좌고우면 할 시간조차 없다. 따라서 여야 후보들은 최소한 향후 20년의 국가 미래를 위해 5년 임기 동안 어떤 비전으로 무엇을 실행할 것인지를 구체적으로 제시해 국민의 평가를 받아야 한다. 경쟁 후보 흠 찾아내기 캠페인은 이쯤에서 자제해야 하며, 국가 미래에 대한 구상을 국민 앞에 내놓고 진검승부해야 한다.

최근 국회 예산정책처 자료에 의하면, 20년 후인 2040년 노년 부양비比, 즉 노동인구 100명이 부양해야 하는 노년 인구수가 약 65명에 이른다. 2020년 노년 부양비가 약 22명이었음에 비교하면, 무려 3배 더 높은 수치다. 현재 노동인구가 감당해야 할 노년 부양 능력이 향후 20년 동안 3배 더 늘어나지 않으면 우리 사회의 지속가능성에 큰 문제가 생긴다는 이야기다.

정부가 2021년에만 43조 원의 예산을 초저출산 사회문제 해결을 위해 투입했지만 역부족이다. 경제 침체·일자리 부족·부동산 정책 실패 등 구조적 문제 때문에 출산의 의욕을 잃은 젊은 세대의 마음을 돌리기는 매우 힘들다. 결국 민간영역 생산주체인 기업이 보다 스마트한 미래산업을 설계해 추진하도록 하고, 정부는 이를 적극적으로 돕는 이외에 노년 부양비 상승에 대비한 다른 해법이 없다.

1960년대 이후 우리 경제는 국가가 방향을 잡고 기업이 우직하게 실행하는 방식의 국가주도 산업정책으로 발전해 왔다. 그러나 21세기 지식산업 시대에 국가주도 산업정책으로 20년 이내 3배의 경쟁력을 달성하는 것은 무리다. 기업이 앞장서고, 작은 정부가 뒤에서 돕는 것이 더 현실적으로 보인다.

다행히 대한민국은 미래 지식산업의 핵심 인프라인 ICT에 수월성을 갖고 있고, 이를 바탕으로 경쟁력을 입증한 카카오·쿠팡·우아한 형제들·야놀자의 성공 사례들을 갖고 있다. 하이버(전 빅히트엔터테인먼트)의 자회사 위버스가 BTS와 테크놀로지를 접합해 미래형 콘텐츠산업의 지평을 열었음도 흥미롭다. 바이오·환경산업도 ICT와 결합해 미래산업을 이끌어 갈 충분한 저력을 갖고 있다.

차기 대통령 후보는 미래 기업의 혁신과 기업가정신 문화 함양을 위해 무엇을 할 것인지를 고민해야 한다. 정부는 가격담합, 불공정 M&A, 노사분쟁이 반反경쟁을 불러와 자유로운 경쟁과 혁신을 저해하지 않도록 견제하는 방향에만 국한해 규제정책을 제시해야 한다. 어떤 경우에도 과잉 규제로 잠재적 경쟁력을 갖춘 산업이 해외법인 설립에 눈을 돌리는 일이 없도록 해야 한다. 이미 글로벌 스탠더드로 자리 잡은 '기업의 환경·사회·지배구조ESG' 기준이 기존의 정부 규제를 점진적으로 대체하도록 해야 한다.

미국·중국·일본·EU의 자국 중심 산업정책의 틈바구니에서 우리 산업들이 경쟁력을 갖추도록 효율적 방패막이를 해주는 것도 정부의 중요한 역할이다. 산업 경쟁력이 국제정치를 압도하는 시기에, 이념보다 실리에 기반한 통상외교 정책은 우리 산업의 중요한 방패다.

대통령 선거까지 남은 시간은 미래의 시간이 되어야 한다. 이제 대통령 후보들은 5년 임기 동안 3배의 경쟁력 제고를 위해 어떤 비전과 실행방안으로 국가를 이끌어 갈지 구체적으로 이야기해야 한다. 국민들도 이를 잘 듣고 판단해야 한다.

미래 지도자의 문제해결 능력

|

아침을 열며, 〈한국일보〉, 2021. 11. 1.

TV토론에서 드러난 대선 후보들의 문제해결 능력이 걱정이다. 국가의 산적한 어려운 과제들에 객관식 혹은 단답형 문제 정답 맞히기 수준으로 접근하고 있다. 부동산 개발의 정답은 공공개발, 민간개발, 민관개발 중 무엇인가. 골목상권 회복을 위한 대책은 음식점 허가총량제다, 혹은 아니다. 대학입학 정책은 100% 수능 전형이 정답이다. 답만 제시할 뿐, 풀이 과정은 없다. 세상일은 객관식과 단답형으로 결코 풀리지 않는데 말이다.

공약들은 기존 법규와 규범의 프레임에서 벗어나지 못하고, 맥락을 무시한 외국 사례가 빈번히 인용되고 있다. 우리 사회의 문제를 바라보는 철학도 비전도 보이지 않고, 현실에 대한 충실한 관찰과 학습도 없다. 그러다 보니 판을 깨고 나가는 창의적 발상을 기대하는 것은 연목구어緣木求魚다. 그래서 감동도 없다. 그 어려운 사법시험과 경제학 박사학위 과정도 이런 것을 가르쳐 주지 않은 것 같다.

모든 사람은 창의적 잠재력, 즉 '창의성'을 갖고 있다. 다만 스스로를 폐쇄적 고정관념, 협소한 관점, 그리고 제한된 지식의 함정에 가두기 때문에 창의성이 위축될 뿐이다. 이러한 제약에서 벗어나 문제의 핵심으로 바로 파고들어 가면 우리 주위의 어려운 문제들을 의외로 잘 해결할 수 있다. 미국 스탠퍼드 공대의 대표 브랜드인 '디스쿨D. School'은 이런 문제의식에서 출발했다. 인간의 창의성에 대한 믿음을 바탕으로 혁신적 아이디어를 디자인하는 방법을 '디자인 씽킹'이라고 부른다.

1960년대 스탠퍼드 공대의 젊은 교수들이 격렬한 토론을 했다. 자신들이 실험실에서 만든 최고의 발명품이 왜 소비자에게 외면받는가. 정말 중요한 무엇을 빠뜨린 것이 아닌가. 소비자들이 정말 생각하고 원하는 것은 무엇인가. 그래서 소비자에 대한 현장관찰과 감정이입 훈련을 시작했다. 어려운 문제에 대한 철저히 귀납적인 접근이다.

일단 발견한 문제에 대한 무제한 토의로 문제의 핵심을 간결하게 정의한다. 정의된 문제의 해결방법을 아이디어화해서 실험실에서 프로토타입, 즉 시제품을 만들고, 그 결과가 만족스럽지 않으면 다시 앞선 감정이입 단계로 돌아간다. 고정관념과 편협한 관점, 제한된 지식을 뛰어넘는 창의적 아이디어 디자인 방법이다. '디자인 씽킹' 방법은 공학뿐만 아니고 사회 시스템의 혁신 디자인에도 널리 적용되고 있다.

물론 '디자인 씽킹'이 유일한 문제해결 방법은 아니다. 미국의 국제분쟁 해결 전문가 아담 카헤인은 에너지 개발과 환경 문제, 남아프리카의 인종 문제, 남미의 저성장과 마약·폭력 문제 해결을 위해 현장에서의 미래 시나리오 구성과 토의 방법을 성공적으로 활용한 사례를 그의 저서 《통합의 리더십》(2008) 에서 자세히 보고했다. 이 또한 철저히 귀납적이고 현장 중심적인 문제해결 방식이다.

20년 후 우리 사회는 또 다른 어려운 문제들을 마주할 것이다. 기후와 환경, 의학과 보건, 경제와 일자리, 통일 그 이후, 복지와 교육, 기계와 인간의 조건 등 다양한 미래사회 문제해결을 위해, 우리 대학은 문제해결에 최적화된 미래사회 리더를 키워 내야 한다. 그리고 또 다른 20년 후에는 이들의 철학과 비전 그리고 문제해결 처방을 치열하게 토론하는 모습을 보고 국가지도자를 선출할 수 있었으면 하는 희망이다.

대선 후보들은 유권자의 한 표를 바라보지 말고, 국민의 삶의 현장과 미래의 꿈에 진정성 있게 감정이입하는 연습을 지금이라도 시작해야 한다. 그리고 대학은 미래 리더들의 아이디어 디자인 근육을 키워 주기 위해, 그래서 어려운 문제들을 잘 해결하기 위해 어떤 교육을 할지 숙고해야 한다.

신뢰받고 존경받는 대통령을 원한다

|

아침을 열며, 〈한국일보〉, 2022. 2. 14.

정치는 결국 무엇을 위한 것인가. 정치의 첫 번째 목적은 국가 공동체의 발전을 만들어 가는 것이다. 시대마다 주어진 국가의 과제는 달랐다. 1970년대는 '산업화'의 시대였고, 1980년대는 '민주화'의 시대였다. 21세기에는 산업화와 민주화가 이룩한 사회진보의 가치를 모두 존중하면서, 여기에서 파생된 사회문제들을 해결하는 것이 당면과제다. 즉, 산업화 이후의 산업화, 민주화 이후의 민주화가 과제다. 환경과 에너지 위기, 기계에 의한 인간의 소외, 계층 간 빈부격차 문제들의 극복, 그리고 국민 모두를 포용하는 복지국가 실현이 중요한 과제다. 사회집단 간 첨예한 이해관계와 다양한 목소리를 균형적으로, 또한 정의롭게 조율하는 것도 중요한 과제다.

정치의 또 다른 목적은 개인 자유의 확장이다. 국가와 사회 공동체가 당면한 문제를 해결하는 과정에서 절대 존중되어야 하는 가치다. 인류 역사는 자유의 확장의 역사이며, 정치는 결국 공동체 내부의 개인 행복을 위해 존재한다.

공동체의 진보와 개인의 행복이라는 두 마리 토끼를 다 잡는 노력은 리더의 사회적 신뢰의 회복에서 시작되어야 한다. 21세기형 사회문제는 그 복잡도가 너무 높아 하나의 처방으로 해결하기 힘들다. 의사에 대한 신뢰가 질병 치료의 중요한 조건이라는 연구결과도 있다. 그런 의미에서 미래 국가와 사회의 리더는 '신뢰의 시대'를 열고, 이를 자산으로 한 신뢰의 정치를 실현해야 한다.

　국정의 가장 중요한 플레이어인 대통령이 무슨 생각으로 무슨 일을 하는가가 국가와 사회의 미래 성패는 물론 개인의 자유와 행복을 좌우함은 자명하다. 공동체의 발전과 개인의 행복이라는 정치 목적과 수행에 대한 해석과 평가는 늘 엇갈리기 마련이다. 이는 아리스토텔레스에서 장 자크 루소, 존 로크에 이르기까지 많은 정치철학가들의 고뇌이기도 했다. 자유주의 공화정에 대한 열망이 개인의 자유를 억압하는 전체주의로 귀결되는 모순이 역사 속에는 수없이 많았다. 독일의 나치 정권도, 북한의 일당 독재체제도 그 연원이 인간 존중의 정치철학에 있었음은 역사의 아이러니다.

　그래서 정치 제도와 행위가 아니고, 정치의 '신뢰'가 문제다. 지금 우리에게는 대통령직을 수행하는 5년 동안 절대적 신뢰를 받고, 임기 후에도 지속적 존경을 받는 대통령이 필요하다. 생각은 다를 수 있지만 결코 말을 바꾸지 않고, 한번 간다고 한 방향만을 바라보며 좌고우면하지 않고, 동시에 국민을 기만하지 않고 투명하고 정직하게, 그리고 우직하고 담대하게 달려가는 리더가 필요하다. 국정 지식과 정책 수행의 유능함이 대통령의 중요한 요건인 것은 맞다. 그러나 지식과 유능함이 신뢰를 앞서가면 국정은 사상누각이 될 가능성이 크다.

근대 프랑스 혁명기를 지켜본 정치철학자 조제프 드 메스트르는 리더의 수준이 곧 국민의 수준이라고 했다. 한편 국민의 수준이 곧 리더의 수준이기도 하다. 메스트르의 반자유주의적 입장에는 동의하지 않지만, 현재의 우리에게 시사하는 바는 있다고 생각한다. 득표율 계산, 상대 후보 흠집 내기, 공약 따라 하기, 말 바꾸기 선거 캠페인에 머무르고 있는 정치 리더의 수준을 국민이 높여야 한다.

누가 더 신뢰할 만하고, 역사 속에서 누가 더 국민의 존경을 받을 수 있는가 하는 잣대로 후보들을 다시 한 번 바라봤으면 한다. 확증편향으로부터 자유롭게, 누가 더 신뢰할 만하고 존경받을 만한 리더인가의 관점에서 주의 깊게 살펴보기 바란다. 신뢰받고 존경받는 리더를 선출하고 만드는 것이 자유 시민의 권리이고 의무다. 이로 인해 21세기 '신뢰의 시대'에 공동체와 개인의 삶이 더욱 진보하기를 기대한다.

국민 '눈높이'가 아닌 '가슴높이' 정치를 바란다

|

아침을 열며, 〈한국일보〉, 2022. 5. 9.

"다시 도약하는 대한민국, 함께 잘사는 국민의 나라." 윤석열 정부 국정과제가 발표됐다. 5월 10일 새 정부 출범을 하루 앞두고 있지만, 여전히 국민 마음에 드리운 어두운 그림자가 심상치 않다. 떠나는 대통령 지지율이 새로 시작하는 대통령 지지율을 근소하나마 앞서고 있으며, 공수 교대하는 여당과 야당은 총리와 장관 임명 동의를 놓고 밀고 당기기를 늦추지 않고 있다. 정치권과 여론에 드러난 국론 분열의 수준은 매우 심각하며, 봉합의 단초도 보이지 않는다. 다가오는 지방선거가 지역사회 도약, 그리고 잘사는 지역주민을 위한 선거가 아닌, 또 다른 국론 양분 선거가 될 것 같아 심란하다.

대통령도 국회의원도 언론도 모두 국민 '눈높이'를 이야기한다. 허리를 숙여 국민 눈높이에 맞춰서 국민의 생각을 사려 깊게 경청하겠다고 한다. 그런데 국민 눈높이 정치가 국민 '눈치 보기' 정치가 되고 있다고 보는 것은 나의 편견일까. 역설적이지만, 눈앞의 여론 향방과 선거 결과만을 바라보는 포퓰리즘 정치가 결코 국가와 사회의 진보를 보장하지 않는다.

　대의민주주의에서 대통령 임기제는 임기 동안 국민의 국정 위임을 의미한다. 근소한 득표율 차이로 당선된 대통령에게도 같은 권한과 책임이 위임된다. 성숙한 민주주의는 제도에 의해 선출된 지도자의 권한을 보장하고, 국민은 또 다른 민주적 제도를 통해 책임을 묻는 방식으로 운용된다. 그래서 신임 대통령은 좌고우면하지 말고 국민에게 약속한 국정과제의 충실한 수행 책임을 다하고, 이에 대한 국민의 평가와 판단을 겸허히 기다려야 한다.

　신임 대통령이 국민 눈높이가 아닌 국민 '가슴높이'에 맞추는 정치를 했으면 한다. 국민 눈빛의 관찰보다 더 중요한 것은 국민의 심장 박동을 직접 듣는 것이다. 의사가 환자의 눈빛을 바라보며 문진을 하는 것보다 더 중요한 것이 청진기를 환자 가슴에 대어 소리를 듣고, 초음파 등 첨단장비로 심장의 상태를 상세히 살피는 것임은 자명하다. 이로 인해 비로소 최선의 처방이 만들어진다. 이는 주술가가 아닌 전문 의사의 역량과 경험으로만 가능하다.

　국민 가슴높이에서의 수준 높은 진료와 처방을 위해서는 '전문가 지성'이 필수적이다. 특히 제4차 산업혁명 이후, 인류 역사 속에서 일찍이 경험하지 못한 국제정세, 경제, 보건, 환경, 사회, 교육 문제 해결을 위해서는 각 분야 최고 전문가의 지식과 경륜, 그리고 이들 분야를 연계하는 초연결 지성의 실행 능력이 필요하다. 새 정부가 필요로 하는 문제 해결 전문가들이 갖추어야 하는 실력이다. 대학에는 이런 전문가 지성이 차고 넘친다. 이를 적시적소에 잘 활용해야 한다.

전문가 지성이 제대로 작동하지 못할 때, 지도자는 국정 자신 감을 잃고 다시 눈치 보기 정치를 하게 된다. 오롯이 우호적 여론 만이 자신을 지켜 준다고 믿기 때문이다. 우리 정치는 광적인 팬 덤에 의존하는 대중 정치의 한계에 계속 머물게 되고, 따라서 국 정과제의 철학과 이상을 실현하기도 힘들게 된다. 국민 눈높이 정치 자체가 잘못은 아니지만, 국민 눈치 보기 정치에의 집착은 분명히 심각한 문제다.

윤석열 정부가 제시한 '국가 재도약'과 '국민 공생'의 가치는 충 분히 매력적이다. 그런데 이들 두 가지 가치는 숙명적으로 상호 모순적이다. 그래서 현실에서 무수히 충돌할 가능성이 높다. 이 갈등 관리가 이루어지지 못하면 국가는 한 걸음도 앞으로 정진할 수 없다. 이들 가치의 최적 조화 문제를 원숙하게 해결하는 것이 전문가 지성의 역할이고, 또한 윤석열 정부의 소임이다. 이를 위 해 국민 눈치 보기 정치가 아닌, 국민 가슴높이 정치를 과감히 펼 치기를 바란다.

마동훈

서울에서 태어나 휘문고등학교와 고려대 신문방송학과를 졸업했다. 1988년 영국 외무성(FCO) 장학금을 받고 영국으로 건너가 북부 요크셔의 리즈대(The University of Leeds) 커뮤니케이션학과와 사회학과에서 문화생산 실증연구 논문으로 박사학위를 받았다. 1994년 귀국해서 전북대 신문방송학과 교수로 국내 강단에 선 후, 2003년 고려대 미디어학부 교수로 자리를 옮겨 미디어 문화와 역사를 연구하고 강의하고 있다. 2008년부터 고려대에서 〈고대신문〉 주간, 대외협력처장, 미디어학부장 겸 미디어대학원장, 미래전략실장으로 일했다.

2005년에는 미국언론학회(ICA)의 영상연구학회 회장으로 선출되었다. 영국 맨체스터대와 미국 텍사스대(Austin) 방문교수로 강의했으며, 우간다크리스찬대 초빙교수로 강의와 학과 설립 일을 맡았다. 터키, 말레이시아, 아랍에미리트 정부의 미디어 교육과 문화 다양성 분야 컨설턴트로도 초청되어 일했다.

국내 주요 학회의 학술저널인 〈한국언론학보〉, 〈한국방송학보〉, 〈언론과사회〉 편집장을 역임했다. 2011년부터 중앙일간지에 고정필진으로 대학·교육·미디어·정치 분야를 중심으로 평론을 써왔다. 2022년 고려대에서 대학과사회 연구회를 만들어 대표를 맡고 있다.

개척하는 지성

21세기 뉴 노멀 사회의 도전

염재호(전 고려대 총장) 지음

미래를 개척하는 지성이 되라!
염재호 고려대 전 총장이 젊은이들에게 전하는
21세기를 살아가는 지혜

오랫동안 미래사회에 대해 연구하고 가르친 저자는 인류문명사부터 새로운
산업구조와 일의 변화, 미래에 필요한 지성의 특징까지 21세기 뉴 노멀 사회
를 이해할 열쇠들을 쉽게 풀어 놓았다. 스스로 인생을 설계하고 도전할 젊은
이라면 미래를 개척하는 여정에 반드시 지참해야 할 나침반 같은 책이다.

신국판 | 340쪽 | 값 18,500원

나남 www.nanam.net | 031-955-4601

경계 넘어 네트워킹하기

인텔리전스에서 엑스텔리전스로

김용학(전 연세대 총장) 지음

생각, 섞고 엮고 뒤집어라!
AI 시대의 창의성 훈련, 엑스텔리전스 학습법

2018년 연세대 '고등교육혁신원'을 세운 이래 고등교육계의 혁신을 주도하고 있는 김용학 전 연세대 총장이 제안하는 AI 시대의 새로운 학습법. '창조성 개발'이라는 탐구주제에 오랜 시간 집중해 온 저자는 불확실성의 시대에 대처하는 새로운 대안을 내놓는다. '인텔리전스'를 뛰어넘는 초경계적 지능, '엑스텔리전스'에 기반한 사고법이 그 답이다.

신국판 변형 · 양장본 | 352쪽 | 값 20,000원

나남 www.nanam.net | 031-955-4601

나의 스승, 나의 인생

조순 선생과 함께한 55년

정운찬(전 국무총리 · 서울대 총장) 지음

조순 선생과 함께한 반세기의 '아름다운 동행'
인생의 고비마다 함께한 스승과 제자 이야기

한국 경제학계의 큰 흐름을 형성한 '조순학파'의 대표 주자인 정운찬 전 국무총리가 반세기를 이어온 조순 선생과의 인연을 담은 책. 엄혹한 시대 가난한 고학생이던 정운찬 앞에 혜성처럼 나타난 조순 선생은 인생의 고비고비마다 함께하며 학자로서 인간으로서 나아갈 길을 가르쳐 주었다. 조순 선생과 정운찬이 함께 걸어온 시간, 아름다운 동행의 역사는 참스승을 찾는 모든이들에게 깊은 울림을 줄 것이다.

신국판 · 양장본 | 300쪽 | 값 20,000원

나남 nanam www.nanam.net | 031-955-4601

정의보다 더 소중한 것

송호근의 시대진단

송호근(포스텍 석좌교수) 지음

문재인 정권의 정신구조를 해부하고
대한민국의 미래를 제시하다

한국의 대표 사회학자이자 칼럼니스트인 송호근 교수의 문재인 정권 4년에
대한 종합 진단서. 박근혜 탄핵 시기에서 2021년까지 〈중앙일보〉에 게재한
수십 편의 글을 대폭 손질해 하나의 일관된 스토리를 만들어 냈다. 학자의
이성적 성찰을 문학적 감성으로 풀어내는 특유의 글쓰기로 문재인 정권 4년
의 실상을 확연히 드러냈다.

신국판 변형 · 양장본 | 356쪽 | 값 19,500원

나남
nanam www.nanam.net | 031-955-4601